紅，是一種激情的憾動。

喜悅有時，失落有時，相聚有時，分別有時，擁抱有時，拒絕有時。

我這個女生，時常被編輯認為有種過時的文人況味：為了尋找文化場景，而展開旅程。即使無法在旅行前熟讀歷史，也要在所到之處，找到和文化有關的感觸。

這樣的旅程，這樣的憾動，是激情，讓我可以忍受霜冷，可以忍受寂寞，可以忍受不安的種種。

目錄

序

我的寫作，始於旅行；我的旅行，始於一顆不安定的心。出版了四十五本書，和其他作家一樣，心裡有些情有些事，不能單純在小說盡訴，又或借旅遊作品傳達。

於是，我仔細閱讀以往在旅途上的筆記，發現自己脫離原住城市時候，感情最真。因為，我進入了一種「心遊」狀態；它也是現在大部分人旅行時的心靈活動——擺脫虛假，沒有牽掛，敞開心窗，讓陽光和藍天照亮塵封的心魂。

為了令文字生色，我決定加入光影，在近萬幅照片中挑選圖像，配合遊記點滴。因為，我一直深信每個城市都有生命，我要用文字和相機，替她們留下證明。

書中記載的日本攝影旅行，從二零零四年到最近，再版成書，重新修訂，除了要多謝出版社，更要多謝我的母親。是她，在我十歲那年，讓我第一次接觸單鏡反光相機，得以初嘗捕捉光與影的滋味。

曾經在中文大學的讀書會，分享文學創作。席間有不少忠實讀者，其中一位，在會後來問我一個有趣問題：你寫了這許多人與人之間的至深感情，你相信世上有真愛嗎？

我是一個習慣以「清單」行事的人，記得小時候，我甚至為自己將來的另一半，訂立十大條件。當中，包括有學識，斯文，高大，不煙不酒等等。走過三分一人生，漸漸發現，我想要的真愛，是想找到一個永遠珍惜自己的男人。

這個人不指望你改變，他喜愛的是現在的你，並不需要你改變；在你脆弱的時刻，他是你需要的人，會立即給你安慰的擁抱，然後給你鼓勵，幫助你面對世界；他知道你生氣時所說的話，並不是你本意，因此會接受你的道歉；他會為遲到了又或做錯了，向你說句對不起；即使他對凡事高要求，卻總願意時常發掘你美好的一面，在你做得好的時候，不吝嗇稱讚。

這個承諾給你快樂的男人，總是在令自己開心的過程中，會給你同樣的快樂；他愛你不僅僅是因為外貌，也會注意到你如何對待他人，讚賞你的工作，欽佩你的才華；你很高興自己能為他做點小事，那怕只是在寒冬他生病的時候，泡一杯熱茶；每天在清晨時刻，當你張開眼睛，想到有他，感覺是無比安寧；當你最需要他的時候，他會放下手上的工作，只因，你是他最大的財富。

任何一個人，都不會是完美，他有時會惹你生氣，有時會讓你擔心，但他不會要求你做任何改變，而是讓你從自己身上發現他的愛。因為他的愛，讓我快樂；因為他的愛，讓我更愛自己。戀愛，所以令人神往，是因為它由兩個人的情感交纏，隨心而行，再把你帶向意想不到的方向。真愛，永遠不會有指定出現的時間或地點。它偶然發生，在一刻心跳，在閃爍的瞬間。謝謝上天，讓我遇見你，你就是，這個把我當作至寶的人。

這本緋紅日本，是一本神奇的小書。它不但記錄紅葉雪國，也記錄我尋找了半生的戀愛秘方。在此，我許下願望，必會努力成為一位「我的愛會讓你更快樂」的人；也祝福讀者在人海中，和這位能讓你微笑的人相遇。

金　鈴

寫於戀愛季節

攝影思路

一樣的景，一樣的機，你拍的照片就是沒有別人的好看？攝影，是一門藝術，用相機也好，用手機也好，請先戒掉隨手拍的毛病！拍得好不好看，背後有一種東西，叫——思路。

何謂攝影思路？是這樣做的：先觀察、定主題、走近點、成風格。

（一）先觀察

世界總是五光十色，畫面元素和信息非常多。然而，攝影原則是去蕪存菁，所以最重要是先觀察，找出最能吸引自己的一個部分，並非一看見就忙著亂拍。同時，要觀察光線。要根據現場情況決定，不同的場景、不同的時間，有不同做法。

左圖拍流水，光線充足，用慢快門可以穩拍涓涓水絲。右圖同樣拍流水，用變焦做出特別效果，是另一種方式。

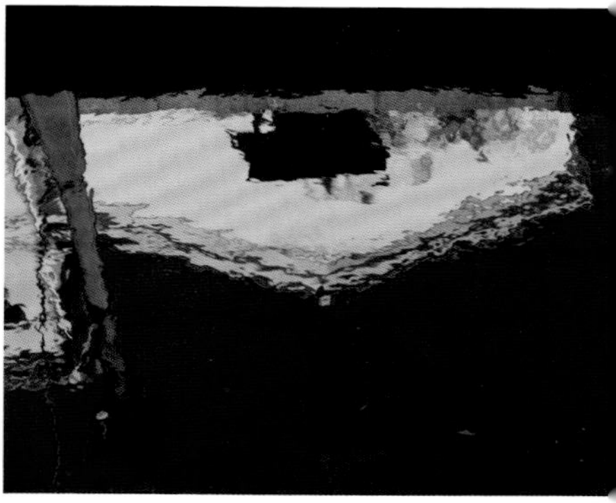

（二）定主題

好照片要有鮮明的主題，不論是一個人、或一件物，最好能反映一個故事情節，使看照片的人，一眼就能看得出你想表達什麼內容。

（三）走近點

如果你覺得照片拍得不夠好，何不走得更近去拍攝？特別是拍攝局部、微距、人文紀實等等題材，走近點，才更見它的美。

左圖拍紅葉，重點非葉，而是想展現雨點凝珠，與葉尖的糾纏。

（四）成風格

這裡所說的風格，並不是指個人攝影風格，而是在同一場景下，你要拍出和與眾不同的照片。

上方右圖拍古城倒影，偏偏不拍實景，只拍水影，疑幻疑真，惹人遐邇。

封鎖的，不是Whatsapp，是我的心

伊豆

有一位朋友，被她的男朋友封鎖了whatsapp。理由是，對方覺得太多訊息，處理不來，寧可用電話通訊。其實，兩個人之間，用什麼通訊方式，一點都不重要。如果心裡有對方，又豈在朝朝暮暮？問題在於，對方近數月對她的態度，持續惡劣。此刻，她終於醒悟，其實對方並不愛自己。

她遇到的這位對象，情緒控制差、心胸狹窄、說話輕蔑。如果把情況說出來，旁人都不忍心，必定會勸她趕快離開。所以她寧可委屈，藏在心裡，很少提及。心裡明明也知道答案：「我應該要離開對方了」、「不能再讓自己陷入痛苦」但難以想像的是，她居然還是繼續選擇，跟原來的對方在一起，期望走下去。她一直隻字不提，獨自往痛苦的感情前進。

每個人，也曾經蒙蔽雙眼，欺騙自己，跟著這個「各方面並沒有我理想中好」的對方在一起一段時間。即使發現對方不好，也選擇放下，原諒對方。也許，你會為自己開脱，藉口單純，只要每想起對方的關愛和照顧，自己就沒辦法生氣，舊帳一筆勾銷。最後，即使走不下去，從各自的世界分開了，心裡，居然還想繼續成為對方的良朋。

對一段不存在的愛情，有什麼怨恨和婉惜？既然彼此不適合，發現自己根本不愛對方，對方也根本不愛你，不如提早結束，放過彼此。更重要是，自己就是自己，不是他的「傀儡」，不能一想到他，

情緒和心思，立即被對方操控和影響。既然離開對方，就要切實回歸「沒有他」的世界，重新出發。

說到重新出發，不期然想起日本一本膾炙人口的名著：《伊豆的舞孃》。它又譯《伊豆舞娘》，是川端康成的成名作短篇小說，一九二六年初發表，先後超過十次被拍成電影及電視劇。故事講述一位來自東京二十歲的高中生，趁開學前的暑假前往伊豆旅行。他在天成山的山道上，遇到一群巡迴賣藝的歌舞伎藝人。在當時，賣藝人是庶民中最低賤的一群，他們居無定所，不被任何一個社會接納，是一群流浪者。在他們當中，有一位名叫薰的十四歲小女孩，嬌小玲瓏，梳著古代髮髻，背著大鼓，樣子非常可愛。兩人四目交投，互生情愫。高中生與他們一起上路，不計較歌舞伎藝人地位卑微，相處時，產生出陌生人卻能親近的微妙感覺。使其得以自孤兒出身所帶來的寂寞疏離心境中、得到解脱。在他和薰單獨處之後，更被她純潔無瑕的美麗所震撼。可惜，只能是彼此生命中的過客。當時社會封建思想，階級森嚴，這段感情只能在悲傷中流逝。假期結束了，川島乘船返校，薰趕到碼頭送行，不停地揮動手帕。

靜岡縣東部的伊豆半島距離東京、神奈川不遠，一直成為不少旅人排入行程的地方。伊豆半島最著名的，當然就是溫泉、海景和修善寺。位於伊豆半島東南端的溫泉區，氣候溫暖，年平均氣溫約攝氏十七度，特點是可遠眺太平洋的優美景色，到處分佈著溫泉旅館，又有可以聞到海水氣味、景色絕佳的露天溫泉。

在伊豆半島的中央，有一古寺叫修善寺，被天城山、巢雲山、達磨山群環抱。而修善寺溫泉，更是順著桂川伸展開來的、在中伊豆是首屈一指的大溫泉。難怪，自古以來，伊豆半島深受眾多的學者、藝術家和文學家的喜愛。當中的佛錐溫泉，是修善寺溫泉的發祥地。相傳八百零七年，弘法大師造訪此地時，發現一名少年在桂川替得了病的父親清洗身體。弘法大師受其孝心感動，心想「河水很冷吧，便以手中的獨鈷杵（佛具）敲打河中的岩石，使靈泉從該處湧出。到九世紀初期，弘法大師建寺修善寺。寺內有傳說是弘法大師年輕時修行的深院，因此修善寺是日本著名寺院之一。

在寺院裡閒逛，心裡平靜，自然會想起禪意。網上曾流傳文章，有人用中文翻譯了一首英文詩。譯本為：「你說你喜歡雨，但是下雨的時候，你卻撐開了傘；你說你喜歡陽光，但當陽光播撒的時候，你卻躲在陰涼之地；你說你喜歡風，但清風撲面的時候，你卻關上了窗户。為此，我害怕，你對我的愛也是如此。」同時，翻譯了詩經、離騷、五言、七言和七律的版本。例如：「子言慕雨，啟傘避之。子言好陽，尋蔭拒之。子言喜風，闔户離之。子言偕老，吾所畏之。」

當時，我興之所至，用了幾分鐘寫成拙作。

「你愛下雨，但雨天你會打傘；你愛朗日，但日照你站蔭下；

你愛和風，但風急你卻關窗，因你在乎身旁的我，免受日曬風吹雨打。」

所謂愛情，離不開信任。開始的時候，彼此不是因為相信眼前人，才走在一起嗎？在一起之後，如果不能信任對方，愛情的甜蜜、平安、喜樂和希望，都只會煙消雲散，被疑慮沖淡。誠然，信任，需要建構。兩個人都要努力為這個「信任錢箱」注滿金幣。告訴她你今日過得如何，有否好好吃飯，令她安心；告訴他妳今日收到他的早安，是何種感受。城市人愈來愈怕說出自己的欣慰，只懂毫不吝嗇表達怨懟。生活太緊張，換個角度思考，苦中一點甜。

除了修善寺，下田市亦是靜岡伊豆半島的主要城市和有名的溫泉景點。一八五三年美國東印度

F11 1/2000 ISO-1000

艦隊司令佩里（Matthew Calbraith Perry），率領黑船駛入江戶灣相州浦賀海面商談開國問題。翌年再次來航，迫使江戶幕府在下田市的了仙寺簽訂《日美神奈川條約》條約，規定日本必須開放下田與箱館（今北海道函館市）此兩港口與美國通商。而他當時前往談判場所時所走過的街道，現在就被命名為佩里之路。這裡有許多富有西洋歷史建築，小巷裡也有懷舊的復古咖啡店，值得細意漫遊。我從伊豆急下田站，步行十五分鐘就抵達的佩里之路。

走在這條古路，可以想像當時江戶幕府的無奈；讀過《伊豆的舞孃》，也能體會分離的悲哀。社會如是，人生如是。沒有結果的感情，從一開始便是一個錯誤。文章結尾寫道：「我任由眼淚不斷的留下，腦海像水一般澄清，而且不止的往下滴落，最後什麼也沒剩下，只覺得一陣快感。」也許，只有哀愁中才能展現出美麗。當我們經歷了離情所化為的美麗的哀愁，便淨化了心靈，產生快感。

F6.3 1/2500 ISO-400

伊豆

伊豆半島是位於東京西南的伊豆半島度假勝地。被大海環繞的半島一年四季氣候溫暖，適宜居住，很受歡迎。除了美麗海濱，還分佈著溫泉地，可遠眺太平洋優美景色。另外，作為結束鎖國歷史的海港，對想認識歷史的人也最適合。

交通：

由 JR 東京車站搭乘 JR 特急踊子號 ODORIKO 號，需要約 1 小時 40 分鐘。

巴士：

前往南伊豆各地的觀光巴士，皆由伊豆急下田站發車，可以利用伊豆東海巴士「南伊豆 free pass」（￥2790），於兩天內無限搭乘東海巴士，輕鬆暢遊景點。

修善寺

瀰漫著古都風情的修善寺地區，有許多溫泉、旅館和觀光景點：修禪寺、指月殿、竹林小徑非常有名。而位於其中心處，是伊豆最古老的溫泉「獨鈷之湯」。據説是 8 世紀的高僧弘法大師，用佛錐敲打岩石時，溫泉水從岩石中湧出而得名。任誰都能免費泡從清流中湧出的不可思議溫泉。

交通：

乘坐 JR 東海道新幹線 Kodama 號從東京站到三島站約 1 小時。從新大阪站約 2 小時 30 分鐘。

乘坐伊豆箱根鐵道駿豆線從三島站到修善寺站約 33 分鐘；到修善寺站再搭乘巴士，車程 10 分鐘。

F.45 1/320 ISO-800

下田市

交通：

從東京前往：

1. 由JR東京車站搭乘JR特急踊子號至終點站「伊豆急下田」下車。
2. 搭乘新幹線至JR「熱海」站，轉乘JR伊東線~5伊豆急行線至終點站「伊豆急下田」站下車，約1小時15分鐘。

另外，也可乘坐假日列車「IZU CRAILE號」享受自然海岸美景陪伴的旅程。列車共由4節車廂組成，行駛於小田原至伊豆急下田站之間。車內更提供餐飲，由法國餐廳「Morceau」主廚監製。以「美麗、快樂、親切」為主題，提供伊豆四季應時佳餚。請前往東京或新宿等的JR東日本旅行服務中心購買。

佩里之路（ペリーロード）

交通：

伊豆急下田站，出站後，徒步約20分鐘可至佩里紀念碑。

推介：

下田市舊澤村家（下田市舊澤村邸）

票價：免費

開放時間：10:00~16:00（星期三公休）

關東交通：

JR東京廣域周遊券

JR東日本線、東京單軌線全線等，可以在關東地區的新幹線及特急列車3天內任意上下車的優惠車票。

期間連續3天

費用：成人￥8300、兒童￥4200

熱海

愛「不」是恆久忍耐

厭倦東京市區的繁忙與擁擠，所以，才想往近郊旅遊。我嚮往悠閒的旅行，離開靜岡的「三島」，走進伊豆半島之後，十分鐘車程，便來到知名的溫泉地「熱海」。「熱海溫泉」的歷久可追朔到一千五百年前，傳說是附近的人們發現大海中有熱水噴出，魚類都燒死了。因為是「熱的海」，所以就被稱為「熱海」。明治時期之後，許多文學家也曾造訪熱海，因此熱海也曾在許多的文學作品中登場。

車站旁邊的「仲見世商店街」，有許多開業六、七十年以上的老店。穿過商店街，我彷彿穿過了時光隧道。昭和時代，這裡是蜜月旅行的首選之地，後來進入泡沫經濟時代，這裡成為「大人玩樂」的代表地，簡直是繁華歡樂的代名詞！如今，仍然有很濃厚的昭和復古風。雖然隨著泡沫經濟崩壞，熱海曾一度沒落，旅館紛紛倒閉，可是，近年日本人追求懷舊感，想要一窺「昔日日本」風貌，熱海再度成為熱門旅遊地點。我穿梭在巷弄間尋找「昭和」的日本，「令和」年度來臨，彷彿是隔世的浪漫？

對於浪漫，女生總憧憬刻骨銘心，要如日劇中那樣峰迴路轉，或者為戀愛拋頭顱灑熱血。有這樣一段愛情，不往此生。但在現實中，當我們終於找到一個令自己像是激起漣漪的海水，沒有了他整片愛情之海就會枯竭的時候；糾結的，卻往往是：從什麼時候開始，他慢慢不回電話？什麼時候開始，他越來越不想聽我的說話？

當一段關係被確認，男人需要自由；女人需要安全。這兩種感覺，看似兩人站在繩子的兩頭極端，如果其中一方不願放棄，雙方也許相會無期。事實上，這兩種元素是相生相依。男人如果不得自由，他就會自己去找，結果，女人會失去安全感。女人不得安全感，她就會強行規範男人，到頭來，他會失去更多自由。有人可能會因為對方一個曖昧眼神，開始懷疑；也可能因為他一句語話，計算忠誠。很多人的戀情，都在這樣的不安定感中度過，虛度光陰。

愛情沒有最早還是最遲，如春櫻秋楓，只有，剛剛好。熱海梅園，以日本「最早開的梅花」和「最晚紅的楓葉」而聞名。熱海梅園於明治十九年（一八八六年）開園，園內有過百年的梅花古樹，以及五十九個品種四百七十二株梅樹。深秋，我在梅園見楓葉紅塵，吹進了心坎，不禁問：愛一個人可以堅持多久？

我們總以為，浪漫愛情會得到時間的恩典，但到頭來，是摧殘還是加冕？在愛情中迷失的人，大概已忘記當初那個「愛對方勝過愛自己」的心。多少關係，決裂於得寸進尺；多少感情，斷送於貪得無厭。

電視劇的女主角說：「寬容」和「忍耐」是截然不同。寬容是諒解，忍耐是蟄伏。這是何等恰當的形容！從小到大，我對「愛是恆久忍耐」這句說話極不認同。愛一個人，為什麼要忍？忍耐得住，讓不滿抑壓成重重心事；還是，到忍耐不住，終有一天，爆發得天崩地裂？隨便在網上找尋，有千百篇範文教你如何維繫戀人，彷彿是一門深奧得一生也做不好的學問。

愛情看似複雜，是因為兩人太多籌算，實在簡單分明，愛情只是一種感應。因此還原基本步：時刻懷抱「在乎對方感受」的心意，大概才是最重要。寬容的基礎，正是能感應對方，願意為對方設想。偏偏情緒總與情感掛勾，稍一不能堅定，便會心懷不善，眼光短淺。這時，不要糾結於一句話語，一個失誤，甚至旁人一些流言。

如果經不起考驗，不如放手。相反，若真心喜愛，又何妨包容？著名畫家莫內畫睡蓮，正是如此。他幾乎傾注了半生在自己的花園作畫，不管花開花落花殘，都能發現睡蓮的美。由挖掘人工池塘，到在池中築起一座日本式小橋，再種下一池睡蓮。從此，睡蓮成了莫內晚年繪畫的主題。

MOA美術館距離熱海山丘上，是私人的美術館，一九八二年開館，收藏品以東方藝術為主，包括繪畫、雕塑、瓷器、書法、漆器等等，其中不乏珍貴文物，更有日本國寶級重要文化財產。其中，有莫內的睡蓮。

莫奈是法國畫家，亦是印象主義的創立者之一。談到為什麼會如此執著地喜愛睡蓮？莫奈曾這樣說：「風景映射往往需用上多於一天的時間才能過目不忘、銘刻於心。」從清晨到落日，睡蓮呈現不同的姿態、明滅不定的日光下，從一八九七年到一九二六年，他總共畫過一百八十一幅明確題為《睡蓮》的作品，除此之外，還有一部分和睡蓮意象相關的畫，加起來共計約二百四十二幅。

來到戶外的「摩爾廣場」，廣場中央擺放了知名藝術家「亨利．摩爾（Henry Spencer Moore）」的銅雕，作品名稱為「國王與皇后」。看兩夫妻就這麼肩並肩，靜靜地欣賞山下的海洋。

曾經有人質疑，藝術家如果總是重複題材，不會感覺到厭倦嗎？對於莫內來說，這片池塘他從未失去過新鮮感，因為光影之下，每一刻都有驚喜。人生重要的，往往不是主題，而是自己的感受。這，才算是愛情。

兩人頻率一致，內心自有共鳴。我縱然沒埋怨半句，你卻知道我氣在心裡，你沒糾結解釋，相反嘴邊卻只記掛我的真善美，然後讓我感受你對我的在乎。我們畢竟是凡人，內心總有脆弱時候。讓一個人變強大的最好方式，就是擁有一個想要保護的人。我們在乎對方，會先愛惜對方，再由對方去愛惜自己。

F5.6 1/15 ISO-800

F7.1 1/200 ISO-800

熱海

熱海市距離東京不到一小時車程，位於靜岡縣的都市，有海有山有溫泉，又能眺望富士山。熱海除了溫泉外，還有海灘、古蹟、神社、美術館、博物館、藝妓表演、纜車等等……

熱海市觀光協會網址：http://www.ataminews.gr.jp/

交通：

從東京出發

火車：

乘坐 JR 新幹線是最為快捷的方法。在東京站搭乘東海道新幹線「回聲號（Kodama/こだま）」，只需 50 分鐘就能到達熱海站。另外，亦可乘坐 JR 的特急列車「舞者號（Odoriko/踴り子）」或是「super view 舞者號（スーパービュー踴り子）」，從東京站、新宿站、或池袋站出發前往熱海。

高速巴士：

在東京站和新宿站，都能搭乘高速巴士。東京站八重洲口出發的巴士，需約 2 小時 20 分才能到達。而在新宿站西口出發的巴士則需約 3 個小時。

從大阪．京都出發的交通方式：

從大阪或者京都前往熱海，乘坐 JR 東海道新幹線「回聲號（Kodama/こだま）」能直達。

區內交通：

若是想從熱海站前往各個觀光景點和溫泉時，可購買能夠前往主要景點的周遊巴士套票「遊～湯～バス」（單程 ￥250，一日券 ￥700）。在熱海站前的巴士站搭乘。

東海巴士（東海バス）網址：https://www.tokaibus.jp/

繁華商店街「熱海銀座」

「熱海銀座商店街」顧名思義，這裡是昔日熱海最為繁華的地區。除了昭和時代至今的傳統咖啡店之外，近年還多了許多甜點店、小酒吧。

交通：JR 熱海站對面

熱海駅前仲見世商店街網址：http://www.atami-nakamise.jp/

熱海駅前平和通り商店街網址：http://ata-miekimae.com/

熱海梅園

「熱海梅園」的梅花號稱是日本最早開花的梅花，包含有樹齡超過百年的古梅樹，梅園境內的梅樹多達 472 株。1 月到 3 月上旬會舉辦梅花祭典活動，園內除了賞花之外，還可能遇到藝伎表演，也有提供甘酒免費喝、足湯等服務。從 11 月中旬到 12 上旬，能欣賞到紅葉，有多達 380 株楓樹。

交通：從 JR 熱海站搭乘巴士 10 ～ 15 分鐘

熱海城

熱海的名勝古蹟、佇立於錦浦山頂的熱海城，天守閣展望臺是一座可以鳥瞰熱海最佳景觀。另外，位於天守閣隔壁還有西洋娃娃美術館＜熱海人形美術館＞展示了各種珍貴的古典娃娃以及娃娃房。

費用：【熱海城】¥900【人形館】¥600【通用券】¥1100

開放時間：9:30 ～ 16:30（全年無休）

MOA 美術館

這裡收藏 3,500 件國寶和重要文化財等東洋美術品，包括尾形光琳親筆繪製的國寶級「紅白梅圖屏風」、野野村仁清製作的「色繪藤花文茶壺」以及手鑑創作的「翰畢城」這三幅藝術文物。其他如知名的莫內「睡蓮」及豐臣秀吉的「黃金茶室」等琳瑯滿目的典藏文物，亦令人嘆為觀止。

從主要大廳和摩爾廣場望出去，是一片相模灣的美景。茶室「一白庵」是沉穩寧靜的空間，能眺望四季日本庭園和品嚐日式茶點。

票價：¥1600

開放時間：9:30 ～ 16:30（星期四為休館日）

交通：從 JR 熱海站搭乘巴士 10 分鐘

MOA 美術館（內有中文版）網址：http://www.moaart.or.jp/

起雲閣

建造於大正初年（1919年）的「起雲閣」當年被譽為「熱海三大別墅」之一，1947年起成為旅館，日本眾多知名文學家都曾下榻於此，太宰治也住過。內部是傳統日式木屋，融合日本、歐洲等地的裝飾、家具，甚至還有羅馬風格的浴室，室外則是日式庭園。

地址：靜岡縣熱海市昭和町4-2

開放時間：9:00～17:00（最後入館：16:30）（星期三為休館日）

門票：¥510

交通：JR「熱海」站搭乘往「相の原」方向的巴士約10分鐘，於「起雲閣前」下車

熱海溫泉

溫泉區從以前就有很多源泉存在，這些源泉被稱為熱海七湯（野中之湯、佐治郎之湯、風呂之湯、清左右衛門之湯、河原湯、小澤之湯）。

熱海溫泉有1500年歷史，日本最知名的德川家康將軍（1543～1616）在全國平定戰爭中獲勝之後，總是來這個溫泉休養。他甚至特地花費大量的金錢和人力物友，把熱海溫泉水搬運到當時的江戶（現在的東京）。

伊東溫泉

在伊東市沿著流經市區的松川，有伊東溫泉，伊東溫泉的湧出量很豐富，在伊豆半島甚至整個靜岡縣都是排名第一，在全日本也可以排到前幾位。泉質屬於鹼性單純溫泉，無色無臭無味。市內有許多大小美術館，包括池田20世紀美術館，及展出約80件世界各地音樂盒的音之博物館等。

交通：搭乘小田急浪漫特快從新宿出發，在小田原車站轉乘前往，約120分鐘即可抵達。

https://www.odakyu.jp/tc/sightseeing/izu/

〔特別推介：伊東周遊券〕

伊東周遊券，可在兩天的有效期間內，前往伊豆地區的門戶城市——伊東，盡情體驗眾多的溫泉、美術館以及各類休閒娛樂設施。伊東周遊券包括從東京出發的往返車票（小田急線、JR東海道線、JR伊東線）、可自由搭乘的東海巴士車票，並且提供當地各遊樂設施的折扣券。

兩天有效期間

可搭乘的交通工具：小田急線（出發車站～小田原）；JR線（小田原～伊東）的往返車票；東海巴士指定路線

註：
- 小田急線、JR線的電車，去程及回程各限用1次。
- 搭乘非指定路線時須支付額外費用。
- 本周遊券不可乘坐東海巴士的定期觀光巴士。

結束在起點

高崎

最近重聽五月天的「終於結束的起點」，看著熒幕畫面上青梅竹馬的戀人，難捨難分。「還記不記得，我和你，最初的相信？還記不記得，孩子般，簡單的愛情？我們彷彿天生在一起，用不完的默契和話題。愛情並不是對與錯，簡單是非題。相愛的兩人不一定，能相守相依。」

十八歲的女孩，愛情是浪漫，男友夠型格就好。二十八歲的女孩，愛情是實際，男友有前途才好。三十八歲的女人，愛情是生活，男友肯娶我才好。四十八歲的女人，愛情是……找一個人能陪伴到老。相似的命運，對男人來說，其實是一樣的。十八歲的男孩，如果不夠俊逸，要想辦法努力。二十八歲的男孩，還沒錢沒關係，但前途是追女友的本錢。三十八歲的男人，未來黃金十年是關鍵，能否揚名立萬看你本事。四十八歲的男人，錢賺了事業成了，才知道健康最重要。

我自問仍然徘徊在幾個層次之間，憧憬浪漫，卻又不忘現實。縱然如此，但我還是有想努力的人生目標。有朋友曾說，原來，在我追求每一次突破的同時，旁人都會看見我在發光發亮。這一種向前推進的光采，大概就能吸引欣賞自己的人留在身邊，與我一起成長。

如此一種推進的光彩，曾經發生在群馬縣的窮鄉僻壤。它的故事，更造就了日本再次被登錄到世界遺產名錄。

F10 1/1600 ISO-800

高崎

高崎市距東京僅有 100 公里，是群馬縣內最熱鬧繁榮的城市。這裡位於關東平原北部，環繞著優美的大自然，春天在高崎公園，城址公園等處賞櫻。從市內可看到雄偉壯觀的「上毛三山」，北邊是赤城山、榛名山，西邊有妙義山，秋天時可欣賞到繽紛燦爛的金黃綠色山景。

它亦是上信電鐵的起點，連接日本絲綢之路。富岡是一個模型紗線工廠，由明治政府於 1872 年建立，旨在推廣機器紡紗技術，至 1987 年停止運營。

營業時間：

上午 9:00 至下午 5:00（入場時間至下午 4:30）

定期休假：

今年年底（12 / 29-31）

聯繫信息：

富岡製絲廠 0274-67-0075 綜合信息中心

位置：

群馬縣富岡市富岡 1-1

網址：http://www.tomioka-silk.jp/

F4 1/200 ISO-800

富岡製絲廠

1872年，為實現生絲生產的現代化由明治政府建造的日本第一座模範工廠。建築採用木柱，塼結構灰泥抹縫，以當時少見的施工方法建造。2014年6月，富岡製絲廠和絲綢產業遺產群被列入世界遺產名錄。

開放時間：9:00～17:00
費用：￥1000
交通：從上信電鐵上州富岡站徒步約15分鐘
官方網站：http://www.tomioka-silk.jp/
特惠套票：上信電鐵套票（節省￥360）
1天有效 ￥2200 上信電鐵高崎至富岡之間1次往返火車票＋富岡製絲廠入場

伊香保

春季盈香粉櫻，夏季綠樹成蔭、秋季楓紅美景、冬季雪花紛飛，伊香保四季不同的景色，令人著迷。

這地方，叫富岡製絲廠。最早的富岡製絲廠成立於明治五年（一八七二年），是明治政府為加快日本近代化進程，所建立的模範機械絲綢廠。江戶時代末期，日本一改鎖國政策，開始與外國進行貿易。為了獲得更多的外幣以及與外國立場平等的交易，產業及科學技術的現代化也開始急速發展。

日本的天然資源有限，政府想到了當時最大的出口產品，是絲綢。為了改善品質，促進生產力向上，以及培養技術人才，日本必須有一間擁有完美裝備的現代化絲綢廠，而這間工廠，就是富岡製絲廠。富岡製絲廠一直營運到一九八七年，是明治政府建立的多家官營工廠中，唯一保留了當時歷史面貌的工廠。甫到富岡火車站，沿途從公共場所，道路，店鋪，只要能入眼的全都是「富岡製糸場」這幾個字。可見，製糸場就是富岡；富岡就是製糸場。

來到製絲場入口，首先看到的是褐色磚瓦牆的建築，叫東蛹倉庫，很有明治的味道。在這裡展示著關於絲綢和富岡製絲廠的歷史，以及製造絲綢的詳細講解。在這裡，還有義工示範從蠶蛹到抽絲的製作過程。我亦有機會體驗，真正抽絲剝繭。到了「繰糸場」，即造絲廠，也是最多人的地方，很多工具還保留著其原有的狀態。

日本人把富岡製絲廠形容成日本絲綢之路，怎麼看都覺得有點言過其實。然而，這是日本製造業的原點，卻是一個很值得人深思的地方。在戰後短短數十年，日本技術力之強大，並非僥倖，而是在明治時期已經打好的基礎。

日本的興盛，除了製造業，還靠鐵路。來這個世界遺產，我搭乘的是上信電鐵（じょうしんせん）。我一向喜歡坐地區小火車，它們的開通，一般是為附近居民用作代步。自明治廿八年（一九七二年）十二月廿七日上信電鐵成立以來，已在該地區行走了一百二十多年。雖然近年上信線的乘客數一直在減少，但到現在仍沒有被公共汽車取代，是連接群馬縣高崎市與甘樂郡下仁田町的鐵道路線。

回到高崎車站，好好看看這個鎮守群馬縣門口的城市。高崎車站是上越新幹線及長野新幹線，JR高崎線及JR信越本線等鐵路的交匯點，佔據首都圈北部的重要戰略地位。車站有幾間大型百貨公司，大型電器商店及各類型商店，食肆等。

我想尋花問柳，在高崎站換乘上越線，在涉川站下車，乘坐巴士來到伊香保溫泉。位於群馬縣澀川的伊香保溫泉，以四百年歷史的石段街和黃金白銀兩種溫泉聞名全日本。作為溫泉饅頭發源地，她更與草津溫泉並列為群馬縣最具代表性溫泉。

伊香保溫泉自古以來就被稱為武士之湯，歷史非常悠久，更以黃褐色的黃金之湯與無色透明的白銀之湯享負盛名。我第一眼看見它的石段街，已經怦然心動。心動並非出於驚異，而是對三百六十五級石階的驚懼！不過，三百六十五石階從山腳直通伊香保神社的鳥居，石階上有充滿文藝感的詩句，一段石階就組成一行詩句，站在最下面往上看，整首詩歌就呈現在眼前。行人既可隨意停下腳步在溫泉泡腳，又可逛逛兩旁歷史悠久的店家，邊走邊看，倒又不覺得太累。這裡的勝月堂更是的溫泉饅頭創始店，現在日本溫泉區都會看到的溫泉饅頭，就是發源於此。

位於最高點的伊香保神社，也是一覽石段街美麗風景的最佳位置。伊香保神社供奉的是醫療與溫泉之神，從生產平安、求子、祈求戀愛運都非常靈驗，因此可以看到許多祈求戀愛運的男女特地前來參拜。

祈求戀愛，我認為，是一種吸引力法則。學者相信，人際關係可通過正面或負面想法，從而得到正面或負面的結果。吸引力法則亦泛指吸引具有類似思想的人，同時又被對方吸引的過程，是一個相互吸引的過程。換言之，兩個具有相似心態的人會彼此吸引。你的想法和信念，相當於一種能量的頻率，這個頻率發射出去，會讓宇宙中有同樣頻率的事物『共振』，於是就吸引你想要的那個事物來到你身邊。

現在，我眼前這些祈求戀愛運的男女，特地前來參拜，心裡正是熱切地期待自己能遇到喜歡的人。這時他們的想法，就等於發射出一個「遇到對象」的頻率；但萬一她又常常在想「我是不是沒人要？」這些無可奈何、無能為力的感覺會發射另一種負面頻率，就和原本正面頻率的效果相互抵銷了。

如果你相信這種說法，卻只是在想，是在做白日夢，根本不足夠：不是「只要我一直想某人，他之後就會變成我的另一半」。想法，不能取代我們的行動。猶豫不決、不肯定的態度，只會吸引到猶豫不決的結果。在追尋的過程中，我們會認識到一些能幫助自己的人、讀到有參考價值的文章，刻意改善自己過去的陋習，甚至令每次見面都變成愉快的回憶。

耳邊忽然有聽到五月天的歌：「愛情，終於結束的起點，寫下句點，終於，我們告別；終於，我們又回到原點。」每個十年，都有我們想努力的目標。雖然追求不一樣，但只有一件東西相像，這就是——時間。

某天回首，這些曾是「無法看破的嘆息」，成為了我們精彩人生的淡淡流影。

伊香保溫泉（Ikaho Onsen）

伊香保溫泉鄉位於日本群馬縣伊香保町，自然環境優美，風情婉約。自古遠近聞名，曾出現在日本古詩集《萬葉集》（日本現存的最古老歌集：據說是在7世紀後半至8世紀後半所編集而成）之中。由於充滿浪漫色彩，因此伊香保溫泉是日本男女喜愛的戀人溫泉。

黃金之湯：富含鐵質的泉水與空氣接觸後氧化，形成黃褐色的溫泉，對皮膚刺激性低、可促進血液循環。
白銀之湯：無色透明的泉質，被稱為恢復體力的聖泉。

交通：

火車（從東京出發，連轉乘巴士，車程約需2個小時）
從東京搭乘JR上越新幹線或長野新幹線後、在高崎站換乘上越線，到了澀川站後，搭乘往伊香保巴士總站的巴士，約每20分鐘1班車（20分鐘，¥570）。

A 從上野出發，搭乘JR特快草津號於澀川站下車後，再搭乘往伊香保溫泉的巴士

B 從東京出發，搭乘JR上越新幹線抵達高崎，於高崎站搭乘往伊香保溫泉的巴士

巴士：

從新宿搭乘高速巴士直達：
在新宿高速巴士轉運站或東京車站八重洲口搭乘JR巴士的「上州名湯巡回號」，然後在伊香保溫泉・伊香保石段街東支所前下車。所須時間約2小時半。（¥3000）

石段街

交通：
巴士停靠站會在石段街的起點附近，從這邊可以一路慢慢散步到河鹿橋 。

伊香保溫泉，河鹿橋

穿過伊香保神社，順這小路前進往河鹿橋方向走去，紅葉下的伊香保溫泉區，美不勝收。每年11月紅葉季，晚上還會有點燈活動，更是顯現出河鹿橋白天、夜晚完全不同的風貌。

伊香保溫泉之露天溫泉

在伊香保神社附近有露天溫泉。
地址：群馬縣北群馬郡伊香保町大字伊香保字甲湯本581-1
溫泉費：¥450

伊香保溫泉的石階之湯

石階街上的公共溫泉。
地址：群馬縣澀川市伊香保町伊香保36
溫泉費：¥450

｛特別推介：3天東京廣域周遊券｝

JR東京廣域周遊券適用於覆蓋東京及其週邊「關東地區」一帶的優惠套票，在3天裡不限次數乘坐區域內的新幹線、特快列車等普通車廂的指定座席。
票價：¥10000

使用路線：可在使用地區內，均可不限次數乘坐以下路線的特快列車（包括新幹線在內）、急行列車和普通列車（包括快速列車在內）的普通車廂指定座席和自由座席：

JR東日本線全線
東京單軌電車
伊豆急行線全線
富士急行線全線
上信電鐵全線
埼玉新都市交通（新穿梭）（大宮～鐵道博物館）
東京臨海高速鐵道線全線
JR東日本線與東武鐵道線相互過軌的特快普通車廂指定座席如下所示：「日光號」、「SPACIA日光號」、「鬼怒川號」、「SPACIA鬼怒川號」，以及東武鐵道線下今市至東武日光、鬼怒川溫泉的普通線（含快速列車）

注意事項：
不能乘坐東海道新幹線及JR巴士。
乘坐列車前往不在〝可以使用區域〞的地區時，需另行支付規定的運費及其他費用。
不可乘坐「隼」號、「小町」號及GranClass（特等）車廂。如乘坐此等列車或車廂，須支付特快列車費用及GranClass車廂費用。

搭乘富士急行線的「富士山特急」、「富士山View特急」1號車廂，以及「富士登山電車」時均須購買指定座席券。（另行付費）
如欲使用指定座席，請務必在搭乘前於JR東日本車站的售票處或旅遊服務中心領取指定座席券（免費）。光憑此通票無法保證座位。
自由座席則只憑本通票即可乘坐，但部分列車可能未設置自由座席。
※「疾風」號、「成田特快」號、「超景踊子」號、「日光」號、「鬼怒川」號及「SPACIA鬼怒川」號全車所有車廂均為指定座席（除此之外亦有其他全車指定座席列車。詳情請詢問站務員）。如未兌換指定座席券，恕不可乘車。
上車或下車車站非為JR線車站之東武互通直達特急，無法使用。

JR東日本鐵路周遊券（長野、新潟地區）
最適合前往長野、新潟、日光的旅客使用！不限次數乘坐區域內的新幹線、特快列車等普通車廂的指定座席。
期間自售票日起的14天內，任選5天使用
費用日本售價：大人￥18000，兒童￥9000
海外售價：大人￥17000，兒童 ￥8500

鬼怒川

每一個時刻

鬼怒川溫泉，位於栃木縣中部的鬼怒川上游，歷經三百多年開發而形成古老悠久的溫泉鄉。川流不息，墨青色的鬼怒川，分隔溪谷兩旁溫泉旅宿，有點深鬱。空氣中瀰漫著一股特殊氤氳，聽著如流水聲，更添一種幽思。

有沒有想過，在我們身邊的朋友，是因為什麼而跟伴侶分手？時常吵架？聚少離多？第三者？這只是導火線，不是根本原因。

永遠想不通，想不通為什麼一睜開眼：你就不是我的了。有多少關係失於得寸進尺，有多少戀情死在不懂取捨。在男人眼中，教他傷神的是：她忽然想要他做一件未做過的事（但他未必做得來）；想要為他生一個孩子（早說不想生孩子的）。在女人眼中，覺得男人只在追求時盡心盡力，關係穩定了就對她愛理不理。為了不想被厭棄，於是防患未然，深信只要為關係不斷注入新趣，便可以延續愛情。男人沒想過，女人戰戰兢兢提出要求，被拒絕會是多麼傷心。女人沒想過，他真心想和她過一生，但不想太難，想安靜和簡單。

說到安靜，鬼怒川溪谷是靜，卻不寧。古時，鬼怒川流域一帶為毛野國的領域，

F5.6 1/40 ISO-800

F11 1/500 ISO-400

所以舊名「毛野川」。而自古以來，鬼怒川便以洪水泛濫而聞名，因此人們以日語發音相近的漢字改稱為「鬼怒川」，取其「兇猛狂暴如鬼之怒」之意。可見，這裡從未是一個安寧之所。

我住的溫泉旅館，有中文翻譯了一句老話：「受傷找川治、火傷就找鬼怒川」，我不知道是真是假，但溫泉屬鹼性泉質，沒有硫磺泉的刺鼻，浸泡起來肌膚光滑，倒是不負美人湯之名。

鬼怒川溫泉與川治溫泉之間，有一個景點，叫「龍王峽」。原來，它還分為白龍峽、青龍峽與紫龍峽。早於千萬年前，海底火山噴發，形成了這地貌。它總長約三公里，奇岩怪石交織的自然造型之美，如同龍騰翻滾，行走其中真覺得有蛟龍遊走在山林中。沿著步道繞行一周需要約兩小時，峽谷內還有一座五龍王神社，供奉著保護川治、鬼怒川一帶的龍王。怪石嶙峋、流水瀑布，峽谷以紅葉見稱，是三條深秋的火龍。

人們說鬼怒川和中禪寺湖，出名是湖光山色。尤其是楓紅季節一到，滿目秋色。然而，在這一帶我最喜歡的，卻是日光。日光在東京以北，離東京說近不近，說遠不遠。我來過好幾次。這一帶有數處登錄了世界文化遺產的廟寺，相當著名，甚值一看。這次純粹是舊地重遊，到日光來看廟寺。

日光出名的廟寺主要有三座，兩座神社一座佛寺，合稱二社一寺。二社是：二荒山神社和日光東照宮，一寺則是日光山輪王寺。如果只能到訪一處，筆者覺得絕對不能錯過的，首推東照宮。日光東照宮，是德川幕府第一代將軍德川家康的家廟，始建於一六一七年。後來德川後人不斷擴建，才有今日的規模。這寺廟廟體精雕細鑿，金碧輝煌，比較接近中國式的廟宇，在日本神社中是屬於少見。在日光東照宮裡為數不少的雕刻中，最出名的大概是「非禮勿聽，非禮勿言，非禮勿視」的那三隻猴子。

不聽不語不見，看是君子之道，實在何嘗不是戀愛之道？違反禮法的事，令人不安的事，正該如此。如此，兩人才會懂得尊重對方。

我曾經認真地思考，選擇伴侶，最重視什麼呢？外表、經濟、性格？曾經在電視中看到：三觀不合的情侶最終很難走在一起。以為「三觀」是個非常抽象的概念，後來才知道是指：人生觀、世界觀和價值觀。在社會學上，是世界觀、人生觀和價值觀。但對於兩個人來說，是世界觀、人生觀和消費觀。

看來很複雜？其實不然。就世界觀而言，你心想：「世界那麼大，想去看看」。他卻說：「在家千日好」。就人生觀而言，你相信：「放眼大愛，想為社會做多一點」。他覺得：「工作勞動，只為自己的將來做準備」。至於消費觀，你認為：「花得起才賺得回」，而他覺得：「多儲一分錢，好養老」。

這樣的兩個人，是不適合在一起的。

不但會因為柴米油鹽雞毛蒜皮經常吵架，甚至在大是大非中仍無法達成共識。然而，觀點不同，和三觀不一致，並不完全相同。沒有任何兩個人的「所有觀點」都是完全一致，因為，每個人在形成一個信念的時候都是受自身所處環境、所接收信息等等因素影響。你喜歡榴槤，他喜歡香蕉，這只是不同的，沒什麼影響，只要彼此能接受。關鍵是，不要自己喜歡香蕉，就看不起別人喜歡榴槤，還強行要求別人必須喜歡香蕉，這才是問題。三觀之中，我認為最重要是在「人生觀」上同道。否則，一輩子相愛相殺，千辛萬苦。

一切，就從尊重對方説起。

原來，對方曾經在這裡一直等待，等待最好的自己出現。此刻即使向上天祈願，上天似乎都不會格外眷戀。唯一能守護彼此，只有愛情本身。既能為彼此費神，為什麼不從一開始互相坦白和信任？

不聽不語不見，不是隱瞞，而是因為太清楚對方的所思所感，也知道對方會有什麼反應，所以，不做出「非禮」的事。

找到對的人，找到愛自己的人，哪會千辛萬苦？白頭偕老，因為我喜歡和你在一起，因為你不會令我覺得身心俱疲。

鬼怒川

鬼怒川（日語：鬼怒川／きぬがわ Kinuga-wa）是日本關東北部的一條河川，發源於栃木縣日光市的鬼怒沼，於茨城縣守谷市與利根川合流。大約 2200 萬年前噴發的火山岩，侵蝕成鬼怒川河流，全長 176.7 公里，流域面積達 1760 平方公里，為利根川支流中最長的河川，被日本政府指定為一級河川，紅葉的最佳觀賞時節為每年 10 月下旬～11 月上旬。

鬼怒川溫泉源起自江戶時代，先是在鬼怒川西側發現的瀑布溫泉，之後才在它的東側發現另一溫泉，兩個溫泉合成鬼怒川溫泉。鬼怒川溪谷，擁有很多溫泉旅館，有超過 80 間。

交通：

JR 東日本
從東京到栗橋換乘東武鐵道，前往鬼怒川溫泉。
東武鐵道線不屬 JR 東日本。持有 JR 東日本通票與 JR 東京廣域周遊券的遊客，無需支付追加運費及其他費用。

東武鐵道
從東京淺草出發，乘坐東武鐵道，在鬼怒川溫泉站下，車程兩小時。

東武鐵道
NIKKO PASS all area
包含東京來回日光電車票，以及日光、鬼怒川溫泉地區的巴士。
連續 4 天
費用 ¥4520

東武鐵道
NIKKO PASS world heritage area
日光區內來回火車，以及以日光東照宮、二荒山神社、日光山輪王寺等寺為的巴士自由區間交通。
連續 2 天
費用 ¥2000

高速巴士（預約制）
東京站 ⇅ 日光・鬼怒川溫泉
單程 ¥2500、往返 ¥4000
羽田機場 ⇅ 日光・鬼怒川溫泉
單程 ¥3300
成田機場 ⇅ 日光
單程 ¥4500

在全日本眾多的東照宮之中，日光東照宮是本社，其正式名稱為「東照宮」。為了與其他東照宮區分，又稱「日光東照宮」，是德川幕府家寺，1617 年始建，1636 年又再全面改造，成為今日絢爛華麗的殿宇群，耗時兩年，花費金額約相等於現在的 200 億日圓，可見工程何其浩大。日光東照宮，在 1999 年被列入世界文化遺產。

東照宮附設「寶物館」與「美術館」。寶物館展示德川家康的畫像與遺物，重要文化遺產包括刀劍、朝廷、將軍家及大名家的贈送品、日本江戶時期的神轎等。美術館裡則有約 100 張的書畫，其中包括橫山大觀等日本畫壇的大師的傑作。

【五重塔】由參道往上走最先看到的是五重塔。

【神厩舍】過了表門就是「神厩舍」。當時把德川家康在關原戰役時坐騎奉獻於此。日光東照宮的馬厩，正是日本神社建築史上第一座馬廄。相傳猴子會保佑馬不受疾病，因此馬廄上會有猴子的雕刻。著名的非禮勿言、非禮勿視、非禮勿聽，正是在此。

【陽明門】陽明門上有龍、麒麟、龍馬等中國動物與人物的雕刻，都是刻工細膩。中央青色的匾額刻著「東照大權現」，據說是後水尾天皇的親筆墨寶。

【唐門、拜殿及正殿】過了陽明門再走一小段路，可以看見唐門、拜殿與正殿。唐門以白色為底，全年開放。拜殿及正殿可以進入，但基於保護古蹟文物，禁止拍照。

【睡貓】在通往德川家康墳墓的奧社途中，會經過坂下門，門上就是左甚五郎製作的睡貓（眠り猫）。看似沉睡的貓，其實為了保護德川家康，裝睡攻擊敵人；另外一個說法是，貓亦能睡覺代表天下太平。

【御寶塔】經過了坂下門往裡面走就是「奧社」。奧社內有德川家康的墳墓「御寶塔」。御寶塔旁邊有顆樹齡 600 年的神木。這顆神木稱為「成願杉」（叶杉），只要對著神木念著心願，相傳能美夢成真。

交通：乘坐 JR 日光線，在日光站下車。或，乘坐東武鐵道，在東武日光站下車。

鳥取 ● 出雲

愛情像手中的沙

一直對鳥取砂丘很好奇：明明訪邊就是大海，附近又非沙漠，哪裡來一片無邊際的沙海？因為想解開心中的迷思，於是去了一趟鳥取。鳥取，是日本四十七個都道府中，人口最少的縣，卻有著日本面積最大的砂丘名勝。這壯麗特殊的地質景觀可是歷經了十萬年歲月的洗禮、日積月累所形成，我站在砂丘底部，真有身處沙漠的錯覺。

鳥取砂丘，是夾隔做鳥取縣的東部北流的千代川河口，東西十五公里，南北約兩公里，也達到面積一千八百公頃的海岸砂丘。

鳥取縣東部，東起駟馳山，西至氣多岬的鳥取砂丘，東西長約十六公里，南北寬約二點四公里，是日本最大的砂丘。這是飄落到千代川的泥砂之上而堆積起來的大山的火山灰，被日本海的風吹浪擊，歷經十萬年創作出來的大自然傑作。砂丘的沙，平均粒子直徑很小，只有兩至三毫米，有利隨風而墜，形成沙面的微波花紋，像海浪一般美麗。我隨手握起一撮沙，腦中響起的話是：愛情像手中的沙，握的越緊，它流得越快。

女生時常會想這件事：當一個男人說很想念你，為什麼不來找你？男人的說法多數是：他很想來，可惜工作無法抽身。城市中人，大都非常忙碌，工作不分日夜，應酬多不勝數。如此一對戀人，

F6.3 1/1800 ISO-400

鳥取

鳥取砂丘屬於山陰海岸國立公園的特別保護地區，鳥取砂丘是日本少有的大型砂丘之地，形成於十萬年前，佔地極廣，南北橫跨 2.4 公里，東西縱橫 16 公里是日本規模最大的海岸砂丘。

網址：http://www.tottorisakyu.jp

在鳥取砂丘，可以乘坐駱駝，也可以從砂丘制高點玩降落傘，更可以滑沙。

鳥取砂丘滑沙：

這項與滑雪板相似的運動，從初級到上級，只使用滑板就能感受到樂趣。

網址：http://www.nkt-pro.co.jp/sandboard/

交通：

從 JR 鳥取站坐往鳥取砂丘方面巴士，車程約 20 分鐘，在鳥取砂丘（砂丘會館）下車。

砂之美術館

位於鳥取砂丘的世界唯一使用「沙」做為雕刻作品素材的室內美術館，於 2012 年開幕。每年都會變更主題，每年從海外各國召集沙雕專家，展現世界最高水準的沙雕作品，展覽期為 4 月到翌年 1 月。從館內設有玻璃的場所和屋外廣場，可眺望鳥取砂丘。

網址：http://www.sand-museum.jp/

交通：

JR 鳥取站的日交・日之丸巴士 乘坐鳥取砂丘方向的車，在砂之美術館前下車即到。

應該如何訂立約會維繫感情？

我比較喜歡，先把約會預定。不見面不行嗎？總覺得，真正愛一個人，他應該要想辦法和自己在一起。生活中，充斥太多高科技產物實非好事。在視訊科技尚未發明的年代，對方一定要長途跋涉來見你。現在，卻以電話裡的短訊替代真實交談或者觸感。儘管雙方談過許多深入的話題，但如果不能見面，根本不算認真交往。即使相愛的兩個人，在一起久了，常常會忘了思念，忘了說愛。我們要時刻提醒自己，眼前的人多麼珍貴。有時候，的確需要付出額外心力；但，能看見不容易找到這個失落的另一半，或許才會覺得這份戀愛更特別。

不用朝朝暮暮，但這個真心愛你的男人會更珍惜和你相處的每一秒，也會對你不離不棄。如果放心給彼此空間，即使意見不合，也不會爭執。因為你從心底裡信任他，他在你面前絕不會歇斯底里，更不會對你吹毛求疵。愛情多麼堅定，亦承擔不起一次又一次的爭執。所以，一個成熟穩重，而且深愛你的男人，不會輕易和你爭吵，也會及時撲滅怒氣沖沖的火焰。

說到底，幸福的愛情，是信任和空間的平衡。可以愛上一個思想同步的人，兩者因共鳴而產生的信任，會令彼此更接近。當他遇到挑戰時，知道我會支持著他打拼；當他遇到有趣事情，對方會在電話裡分享喜悅。當我感到寂寞時，你會讓我知道，你心中有我。

沒有一個女人對愛情不憧憬。若求愛情，必然要到鳥取縣隔壁的島根縣，因為，這地方有一座最靈驗的出雲大社。

出雲大社，是與伊勢神宮齊名的日本著名神社之一。伊勢神宮供奉的神明為天照大神。而出雲

大社所供奉之須佐之男命，實為天照大神之弟。在日本神話中，掌管天界的天照大神，將行為粗暴的須佐之男命從高天原驅逐。受到天界驅逐的須佐之男命落至凡間的出雲，而與一對悲痛欲絕的老夫婦相遇。

這一帶有一隻八頭八尾，名為八岐大蛇的怪物。牠已將他們八個女兒中的七人都吞噬，而眼見馬上要再獻上最後一個女兒。須佐之男命主動請纓為民除害，制服八岐大蛇，並與該名少女結成夫婦，將出雲建成富強的國家。

出雲大社素以「善結良緣」之神而聞名，前來祈求好姻緣的參拜者總是絡繹不絕。我參拜出雲大社時，不僅被其壯觀的建築所吸引，大社的巨型「注連繩」更是令我嘆為觀止。這是以稻草為主要材料，像一條巨大的繩索，用此表現神之聖地與現世人間的界線。日本諸神多是由大自然和土地精靈創造而來，隨著時代變遷，演化成日本神明的代表。

日本的神明，尤其這位雄糾糾的須佐之男命，到底有沒有煩惱？我不知道。可是，但凡活在世上，都一定有煩惱。男人的內心，像一扇門，並不輕易告訴身邊女人，自己內心的秘密。但，他需要一位知心同路人，才不至於孤單。而作為女人，如何才能打開他內心的這扇門？

先要小心易碎品：自信心，是男人的易碎品。僅僅是女人一個鄙視的眼神、一個不耐煩的動作、或者無意間氣上心頭的說話，便能打碎他的自信。相反，男人的自信，也很容易被女人喚起。女人喜歡甜言蜜語，其實男人比女人更想得到讚美，尤其，是得自心愛的女人。我們說的讚美，不能是謊話，而是真心實話，只有如此，關係才能持久。

男人需要女人的關愛，需要女人的理解，也需要女人的啟發。我深愛這男人，會給他足夠的崇拜感，而且，是發自內心。無需日夜讚美，有時僅需要一個淺淺的笑容，一句簡單的問候，已足夠。

很多初見的朋友，會覺得我是強者。然而，在這位真正的強者和智者面前，我才理解，自己的不足和軟弱。我想向他學習，我不怕向他示弱，因為，我真心崇拜他的智慧和善良。如此一個男人，應該是強大的。但在強大的同時，也會有心靈疲憊不堪的時候，我想給他能量，付出關愛，多一點溫柔去聆聽他的思想，多一點耐心去理解他的苦衷。

每個男人，都是一本用不同符號寫成的書，女人無需刻意苦心解讀。只需明白：做男人也很累。我，會默默守在你身邊。

愛情像手中的沙，只要珍惜，手中的沙，自然會一直在我掌心。

F2 1/80 ISO-800

出雲

日本西部日本海側的出雲地區，是擁有悠久歷史與獨特文化的神聖區域，該區礦產資源十分豐富，古時曾大力發展製鐵技術。自古以來，此處即以製作神聖的勾玉而享有盛名，附近的溫泉，因此得名玉造溫泉。

出雲大社

18 世紀建成的出雲大社，正殿高達 24 公尺，其規模已遠遠超出日本其他神社。據說，古代出雲大社的正殿更遠高於現在，約為 96 公尺。面向天空矗立的數根立柱，推測是建造正殿所用。而在近年的考古發掘中，亦發現用來支撐建築本身的巨大木質圓柱。

交通：

從 JR 線「新大阪」站搭乘新幹線至「岡山」站，換乘特快列車八雲號至 JR「出雲市」站下車（約需 4 小時）。再從「出雲市」站乘坐前往「出雲大社」、「日御碕」或「宇龍」方向的一畑巴士，約需 25 分鐘。

佛•唐•高野山

當你愛上……

作為一個作家，也是一個攝影師，每年最少會去五至六次旅行。回來之後，自是一連串寫稿、講課和公開演講。工作接踵，全都是和旅行有關。漸漸，連自己也感覺生命已經和旅行不可分割。星期一至五的工作，很規律。放工之後，雌伏奶油白色書桌上，整理網誌或解答讀者來函。偶爾，會約朋友吃飯，又或到NikonSchool講課。星期六我一向謝絕探訪，通常一整天躲在書房創作，星期日的早上則是我最喜歡的時光，我可以自由自在走進圖書館，任由思想放飛。無論是橘紅的晴天，還是鬱藍的雨天，我的創作總是沒有停下。

然而，有次坐飛機回香港，結束旅程的一剎那，我因為看到機艙雜誌內一篇歐洲著名女鋼琴家的文章，而醒悟。她熱愛彈琴，即如我熱愛寫作。她說，即使放假，也要練習鋼琴。但她引述朋友的一句：「人類其實需要時間和空間去思考，我們是Human Being，不是Human Doing。」有甚麼地方，最適合都市人靜靜躲起來思考？曾經有位作家朋友告訴我，她最喜歡在寺院避靜。當時，我便想—甚麼時候也要住一次和尚寺。

F 5 1/50 ISO-400
因為背景沒有秋葉，圖中只能以暗調作景，惟有抓住一個亮點——紅色袈裟，意境幽美，寓意深深。

シホウチク

F 5.6 1/60 ISO-100
簡單，給人的印象是靜，是一種意境，寓意在其中。精進料理，一個圓一個方，一個紅一個白，給觀賞者以想像餘地。

攝影資訊

旅途中的一切對於你來講都是一個全新的世界，都能使你產生拍攝的衝動，自然風光、名勝古蹟、民俗風情等，拍攝前要對它們作題材分類，然後根據自己先前的了解和當時的感受，選擇最佳角度。拍攝要有重點，有主題，既能反映出人、物的風貌，又能表達出自己的主觀感受。想拍出令人怦然心動的照片，要注意背景襯托。

如何把豆腐映照得更雪白？用紅葉，用紅色的碗，不就可以？

那年，我去日本關西。關西有座高野山，人們去探訪，不是為爬山，而是為拜佛。山上有五十多間寺院，大部分開放給善信和遊客入住。往高野山的火車上，我沒有打瞌睡。只為，幽谷山林盡是紅葉黃杉。老舊磚舍，在此間隱居了幾個世紀？成林古杉，與村莊相依多少個深秋？火車漸進，人煙漸少，在深山荒嶺只有密林守護，彷彿不容半點文明。奇怪，竟然會有人在一千二百年前開始興建寺院，而後人爭相倣效，連成全日本最密不可分的佛寺集散地。

談到高野山，必先了解開闢高野山壇上伽藍的空海，也就是弘法大師。空海，公元七七四年生於日本香川縣，是地方貴族出身，十五歲時為了出仕而上京。十八歲時，考進中央大學寮專授儒學的明經道科。如果朝這條路走下去，空海可以為官，可是，他憤慨於當時官宦政客的惡劣鬥爭，二十三歲回到京城，寫下《三教指歸》，評論儒教、道教、佛教之優劣，斷言佛教是最勝之道，並宣言將成為弘法者。唐德宗元貞二十年（公元八零四年）空海隨同遣唐使前往中國長安修研佛法與梵文。公元八零六年，他攜帶了珍貴的密宗佛經回到日本，來到高野山，認為這裡充滿靈氣，於是在此開山建寺。

從極樂橋車站下車，再轉乘登山纜車，再乘巴士前往谷地，才明白日本人為甚麼來這裡修行。除了寺廟。這兒有馬路有醫院有小店，在古剎簇擁下，維持一般人起居基本需要，卻又靈氣逼人，就像與世隔絕的世外桃源。入住的寺院，房間簡樸，素淨雅緻。小和尚端來的晚膳，其中一道菜只有一磚豆腐，豆腐上一塊紅葉，紅葉上再放一抹青芥。我看著，想到他做菜時，把落葉在清泉下洗淨，用心擺放，然後輕輕一舀青芥，處處用心，不想浪費一塊豆腐，正是佛門的靜修課。

六時起床，半小時後匆匆出門，想趕在黎明初暮看一看高野山。高野山在霧氣紛圍中仍然沉睡，我走在街上還害怕驚醒路邊平房裡的人。在靜默中，向德川家康靈堂方向走去。高樹幢幢，偶有白貓閃過，與寒氣冷風共融。充滿靈氣與墓碣的奧之院，更是日本規模最大的墓園，從早期武士貴族、幕府將軍，直到近代企業家族，近二萬個顯達富商，均埋葬於此或設立家廟。奧之院的入口是「一之橋」，由此穿過「二之橋」、「御廟橋」，最後抵達奧之院最神聖的「御廟」。

走過多少寺堂，步經幾處宿坊，來到參拜靈堂的步道，卻被它的柵欄擋在山腳下。仰望小丘，上面便是曾經舉足輕重的德川家康靈堂。半步之遙，我便無緣拜訪。此時，破曉天明，四周頓時被染成金色。遠遠近近的黃色銀杏、紅色楓木，都在陽光下騷首弄姿。我趕及七時半回寺廟吃早飯。僧侶的早課都在六時至七時，完了早課才會為我備餐。日本人的早飯，真的是吃米飯，幾箸青菜、豆腐素點，簡單卻開胃。

再出門已是八時多，先往根本大塔，在壇上伽藍，朱紅耀目。高野山上百家寺廟，以根本大塔為中心，由金堂、不動堂、御影堂等寺廟所構成的壇上伽藍，與金剛峰寺、奧之院合稱為高野山三大聖地。相傳一千二百年前空海大師在師父惠果去世後，正苦惱如何自中國回日本傳遞法脈，便拿出三件法器，即「三鈷杵」，往日本的方向丟擲。神奇的是，當空海在高野山修築壇上伽藍時，在此地一棵松樹上尋回這三件從中國懸空拋來日本的寶物，證明此地靈氣逼人。故事雖然太神化，但來到此地方能感受其靈氣確實與眾不同。一條紅葉步道把遊人引進聖地。金碧輝煌的金塔，宏偉非凡的大殿，還有幾幢古樸而又保存完好的大寺，莊嚴肅穆。難怪，沿途見不少信男信女，穿著白色袈裟笠帽，組團來參拜神殿。

在高野山的五十三間寺院中，清一色供奉佛教祖師。與日本其他地方以標榜神道教又或多教派式的神社相比，截然不同。在高野山山中漫步，盡收天地靈氣，真正了解，甚麼叫做「山中方七日，世上已千年」的道理。在高野山，每個寺院都在林蔭道旁，前不著村後不著店，走進寺房，是遙遙天地兩茫茫。

看著木造的屋簾，走在卵石步的兩邊，住進禪意房間，閱讀草書墨跡；忽然，有一種莫名熟悉。這裡是中國？這裡是大唐？為甚麼一千年前的中國文化在這扎根？空海遠渡重洋，在古代唐朝留學，完整地把所見所識，回到來日本複製，經歷改朝換代，仍然保存下來。結果，我把身邊所有都遺忘，卻忘不掉遠古記憶，祖宗的盛唐。這番撼動，令我對日本忽地燃燒起一種火紅感情。除了美食除了溫泉，這片貧脊的火山地，為甚麼有能力保育中國自己也守不住的記憶？

F 6.3 1/500 ISO-100
紅色寺廟點綴著藍天樂章，穿過清晨的山城。佛門清靜，彷彿連接了這個世界與另一個境界的通道。

高野山

交通：
南海電鐵（私鐵）
從難波站，可乘特急列車前往極樂橋站。車程1小時40分鐘，車費￥1610，連纜車套票為￥1990。高野山巴士行走纜車站至市內各大景點及寺院。
主要分為3條路線：（1）大門↔奧の院（2）高野山纜車站↔大門（3）高野山纜車站↔奧の院
費用：￥280至￥450。1天乘車證￥800（可在纜車站外的巴士站購買）。營運時間：08:30-16:30 遊客亦可選擇步行或騎單車在山谷內漫遊。（市中心的觀光案內所有出租單車，每小時收費￥400或￥1200租用一天。）

住宿：
高野山有53個僧院開放民眾住宿，稱為宿坊，房間內既乾淨又舒適，並且設有電暖器，黎明即起，與僧侶們一同早課，在晨光中與僧侶齊誦經文。提供住宿的寺院，宿費包括早晚兩餐，每人由￥8000至￥15000不等。由高野山觀光協會統籌的「高野山宿坊組合」，可以為來自不同地區的遊客預訂住宿，而且毋須訂金，可在抵埗後才在案內所繳付宿費。
查詢：www.shukubo.jp　電話：0736-56-2616
（部分職員懂英語）

京都・夜景・秋祭

抽象京都

旅行所見所感，會隨著一個人年紀漸長，而有所不同。即使是同一地方，人生閱歷豐富了，再看便不一樣。所以，如果是一個值得的地方，應該再訪。

京都，便是一個這樣的地方。

當我還是一個二十歲的少女，到京都去自是傻呼呼跑完所有景點。好不容易把京都每一間寺院都看遍，回來之後腦海裡竟不能留住片刻印象。甚麼平安時代？甚麼奈良時代？一条二条七条九条？一頭霧水。

然後，再去第二次第三次第四次。直至最近這次，才終於有一種稍稍釐清的感覺。要了解京都，一定要從大家最混淆的歷史開始。

京都千百年歷史，就像地下泥土一樣，一層一層往上堆積覆蓋，最後呈現於現在這個空間。漫步京都大街小巷，這一步踏在室町時代，下一步就跨入平安時代。得以保存下來，都是庭園神社寺院；也有些沒保存下來，只空留一塊石碑訴說輝煌時代。公元七世紀，備受追捧的早良親王因宮廷內鬥而死，宮廷接連發生不幸事件，

F 101/80 ISO-200

攝影資訊

想要在旅途中將美麗的紅葉捕捉下來，請記得以下要點！光線要逆光或斜側光，使輪廓線條明顯，構圖簡潔表現生命力，取景時以色澤鮮艷的部分做為前景，表現浮世繪一般的寫實色彩。背景建議以深色或綠色為主，或以紅葉為主角仰拍取得天空為背景也是一個好方法。

F 4.5 1/2 ISO-800

當朝的桓武天皇怕是怨靈作祟，決定遷都平安，即今日的京都。平安京受中國文明影響深遠，它的棋盤式街道格局和風水布局，從一開始就注定成為風水皇城。

皇城東西南北四方，分別設青龍、白虎、朱雀和玄武，鎮守皇宮，地理上亦配合北有船岡山南有巨椋池東有鴨川西有山陰道，是大吉寶地。城市規劃根據中國唐朝京城長安的「條坊制」，每個條坊區還分有小「町」，四町為一条。細心看看現在的地圖，就會清楚發現古人的心思。平安京此後經歷平安、鎌倉、室町、安土桃山、江戶等時代，最後於明治二年，遷都東京，歷時一一八五年，是世界歷史上少有的千年皇都。

在京都，我看過櫻花也看過紅葉。全京都有數十個可以賞心悅目的地方，只要選對時間，加上一個幸運的藍天。如果可以的話，我建議無論如何也要看一次秋葉夜祭。全世界只有日本這片土地，對大自然的美，追捧至此。盛放的櫻花，燦燦的楓葉，當然吸引；但在紅葉快落的一剎，還要極盡能事，用夜燈燃燒它的最後生命，意態撩人。

在清水寺和永觀堂，每逢秋末夜祭萬人空巷。

一直想看一次夜燈下的紅楓。剛好碰到永觀堂最後一晚開放「夜間拜觀」，來得及償願。傍晚在微寒的寂靜中行走著；直至永觀堂前驚見如潮水般擁來的人群，才知大部分人都直接乘計程車或駕車而來。

上次是日間來訪，樓閣亭臺，好看的東西很多。今次夜幕低垂，眼前只有火樹紅楓，在漆黑中唯我獨尊。難怪門外大排長龍，人人湊熱鬧看火舞飛揚。

原來，當伸手不見五指，眼前只看到遠遠近近的燈黃葉紅，內心的興奮非筆墨形容。

腳下踩踏的碎石子，每一步都發出沙沙聲。於是，不禁放慢、放輕了腳步，因而更能體會漫步夜楓下的氛圍。湖上的橋，亮起紫青色的燈光，穿著日本傳統服裝的神職人員，端坐橋上，吹奏古樂。原本靜謐的夜，散發著一股奇幻氣氛。我站在湖邊喫茶處，望著遊人頭頂上紅色的傘，看他們捧住熱呼呼的甘酒。

走過迂迴曲折的紅林，驟眼疑幻似真，像夢又像詩。當腦袋裡心坎裡呼吸裡，都是紅葉在空中轉，殘影把真實掩蓋。快將枯落的紅葉，此時已屆風燭殘年，在華燈下燃燒殆盡，直至最後一秒。

經過這夜的聳動，翌日無法不留在京都狩一場紅葉。從書中得知，真如堂的秋葉比其他景點晚紅，此時應該正是醉紅。乘著藍天送暖，日光耀眼，紅葉在眾遊人前恣意、璀璨。滿院都是爭一朝夕的艷紅，迎著青空張開手臂，向深秋敬禮。

晚上到清水寺看夜楓，人潮多得令人吃驚。進了大門，抬頭張望四周，忖量該從何處作起點。只見有燈光投射的楓樹下，便是人群聚集之處。反正，也搞不清楚遵循方向，索性隨波逐流。清水寺的高塔、山門和舞台，仍然冠絕京都。來到木製舞台，放眼後山，簡直是「火燒山」！

紅楓艷極至此，憾動每位凡人的心。

F 5 1/4 ISO-800

夜間拜觀

永觀堂：

交通：搭乘市公車 5 號或 57 號直達

夜間特別拜觀期間：從十一月中旬至下旬，夜間拜觀時間 17:30-21:30（21:00 停止受付）

費用：¥600

網址：http://www.eikando.or.jp/

清水寺：

交通：市巴士站五条坂步行 10 分鐘

夜間特別拜觀期間：從十一月中旬至 12 月上旬，夜間拜觀時間 18:30-21:30（21:00 停止受付）

費用：¥500

F 4 1/2 ISO-800
拍攝時，可以借用附近的石墩或欄柵作支撐。

攝影資訊

楓紅時期一到，京都各寺社會開始夜間特別拜觀。特別拜觀？就是會打燈讓人夜間賞紅葉。夜間特別拜觀的各寺社，大都集中於東山一帶，其中最推薦的應該就是「永觀堂禪林寺」。

永觀堂禪林寺的區域較廣大，可以分散遊客，打燈也打得不錯，可以拍攝的點很多。燈光雖然沒有清水寺的變化多端，但整體的氛圍很好。

基本上夜間特別拜觀都是禁用腳架的，雖然偶爾看到有人偷用，但最好不要破壞氣氛。

拍攝夜間紅葉，要在光源充足的地方取景；用高ISO可以解決曝光不足，效果意想不到的好。

只寫不讀

詩•唐文化•京都詩仙堂

外國朋友知道我常常去日本，問我如果只能到訪一個地方，應該選日本哪處？我毫不猶豫回答：京都。

第一次去京都，是夏天，熱得要命。京都在日本地理上是一個盆地，我走在參拜步道，聽著蟬鳴，揮汗如雨。這種冬冷夏熱的地方，偏偏是千年皇都，還是住在這裡的本土京都人終身不離開的城市。究其原因，是京都散發著一種不言而喻的韻味和驚喜。

在我第四次訪京都，我遇上詩仙。

走在僻靜的小路上，閒步走向詩仙堂。踏進小小的竹籬笆門，但見眼前園林精緻，景色亮麗。比起京都其他庭園，這園子真是太小。池、庭、假山、林木，甚至書樓茶庵一樣不缺，但迴遊式庭園的規模，的確是我所見最小。堂主石川丈山的好友，也是日本江戶初期的儒學家—林羅山寫《詩仙堂記》時，開宗明義指出：「詩仙堂，為何而作也，石山丈人為避世以遊而作也。」

為了詩仙這名氣，我還是付了入場費進堂。

F 9 1/40 ISO-400
如果想拍出日本簡約風，可用單色為基調，避免使用過多色彩。重點是要配搭上取得平衡，因為畫面太簡化，會讓人感到冷清。

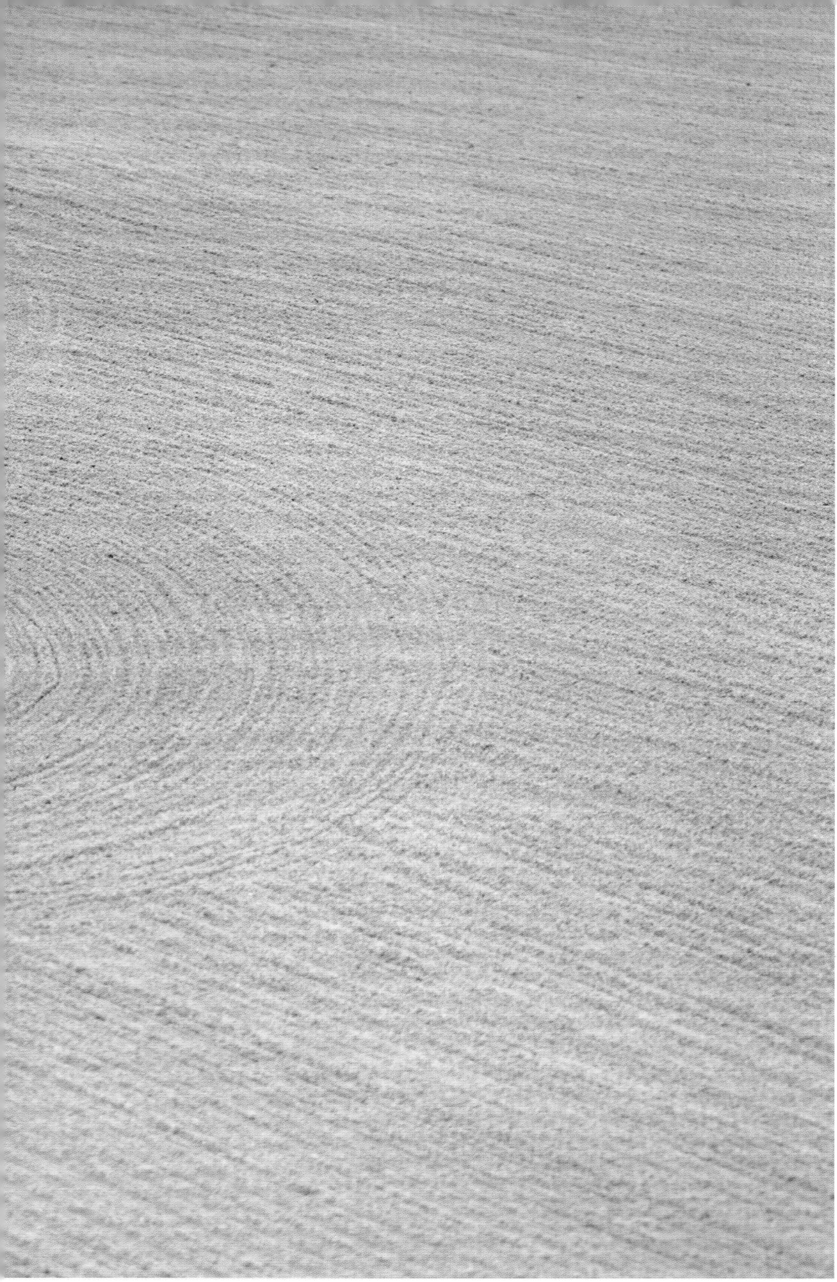

F 5 1/100 ISO-320
有時也想做些和風藝術攝影；它，講求充分留白。想拍出味道，要保持畫面簡潔，重視物件間的距離。

F 4.8 1/50 ISO-320
有時候，拍攝旅遊相片也是為著記錄；但要吸引人閱讀，不能過份呆板。必須學會透過鏡頭，在取景框中觀察周圍環境，選擇最佳拍攝點，以得到滿意構圖。

詩仙堂

費用：￥500
交通：市巴士站曼殊院前，步行15分鐘

京都市內交通：
市內巴士及遊客路線100號 101號 102號
車費：￥220。市內巴士1日乘車證，憑票可在市內無限次乘搭市中心範圍之市內巴士
票價：￥500
購買地點：市巴士或地下鐵詢問處（JR中央出口外）。京都觀光1日／2日乘車證，憑票可在市內無限次乘搭地鐵、全線市巴士及部分京都巴士。
票價：￥1200（1日）／￥2000（2日）
購買地點：市巴士／地下鐵詢問處（JR中央出口外）。

然而，當我踏進書院木地板，在廊下坐定，眼前景色的華美和靜謐，實在叫我震懾——木造房間裡，蕩漾著千古文學的芬芳，花開鳥鳴，如詩如畫。抬頭再看到三十六位詩仙坐像，在牆角俯望著自己——林逋、寒山、杜牧、李賀……全是中國古代詩人，忍不住拿出紙筆一路抄下去。

詩仙堂原是一六四一年江戶時代石川丈山所造，正確的名稱是「丈山寺」，屬曹洞宗的一個禪院。詩仙堂，乃其中一所藏著中國三十六位詩仙畫像和詩作的房間。

但究竟，為甚麼要建詩仙堂？

先說說石川丈山這個人吧。他是江戶時代的詩人、書畫家，能做漢詩，還精於茶道和庭園設計。出仕德川幕府期間，因爭功，違反軍紀而被詘，罰他回家去懺悔思過，就此離開了德川家，他曾剃度在妙心寺出家。晚年賣藏書、節衣食，造了「詩仙堂」作為隱居之所。

石川丈山恃才傲物，也有潔癖，一生不近女色，沒有結婚，只交往六七個文人雅士，相互酬唱切磋學問，專治朱子學說和漢詩、隸書。

關於三十六位詩仙的選擇，石川和好朋友林羅山曾爭論過好幾次。林羅山推薦的王安石，石川不喜歡，最後只好排除在外。兩人也都不選日本詩家的詩，認為當代詩作既沒有超過石川丈山自己的，就不選了。三十六詩仙為陳與義、黃庭堅、歐陽修、梅堯臣、林逋、寒山、杜牧、李賀、劉禹錫、韓愈、韋應物、儲光羲、高適、王維、李白、杜審言、謝靈運、蘇武、陶潛、鮑照、陳子昂、杜甫、孟浩然、岑參、王昌齡、劉長卿、柳宗元、白居易、盧同、李商隱、靈徹、邵雍、蘇舜欽、蘇軾、陳師道、曾幾。

三十六詩仙選定之後，由當時名畫家狩野探幽，繪於壁間，眾詩人排列於四壁，或坐或臥，姿態栩然。畫像的上方，則由石川丈山親自以隸書寫上所選定的詩作，所選的詩常道出懷憂不遇，他的心事昭然若揭。無心插柳，當年興建詩仙堂的人，當然沒想到今日會有慕李白之名而來訪的異鄉人。詩仙堂，有詩有畫有庭趣，迴蕩流連，與古人會心，徘徊躑躅，不想離去。

坐在高掛中國歷代大文豪畫像的和室，面向小巧雅緻庭院，一位位日本人安靜列坐，了無雜念，怔怔看著花兒出神。盤坐冰涼的木地板上，我細細想著詩仙李白。他能詩好飲，曾寫下：「三百六十日，日日醉如泥。」於是，日本人喝到酩酊大醉時，被說成「泥醉」。日本清酒中，最頂級是「大吟釀」，以京都伏見和東北新潟所產最受歡迎。前者以水質著名，後者以良米著稱。除了我們比較熟悉的清酒，日本人也愛喝「濁酒」。濁酒未經過濾加熱和殺菌，帶有白色沉澱物，味道較甜。「濁酒」一詞也是源出中國：「一壺濁酒喜相逢，古今多少事，都付笑談中。」在京都時，當地人告訴我，原來濁酒變成清酒，是因為四百年前一次意外。當時兵庫縣伊丹市有一家鴻池酒屋，釀酒人因為報復主人，在酒桶內撒下火盆爐灰，反而令濁酒變成清酒。

在詩仙堂，看三百年前隱居的詩人故里，看他為三十六位文人作畫，看他草蘆裡的脫世恬靜。疾風下，紅葉轉落，鋪就一地暗紅。仍然在樹頂的秋葉，夾雜橙黃嫩紅，好比一張張不同俏臉，各有個性，在樹梢中搖曳，和秋風鬥耐力。這裡的樹雖不及真如堂火紅嬌美，卻不失精緻。究其原因，人傑地靈，連一棵樹一片葉一塊沙一卵石，也有它的意思，有它的堅持，有它的睿智。

一座詩仙堂，讓我深深感受到日本受中國文化影響之深。

在日本，仍然流行「俳句」創作。雖然以草書寫成的漢字，我不能理解；但見人們對詩歌創作仍滿有熱誠，而來訪詩仙堂的人亦絡繹不絕，便可見日本人對中國傳統文化的熱衷，歷百年不減。反觀懷有中華血脈的香港人，別說唸詩，根本連唸書也匱乏。一位朋友告訴我，她天天有寫字。我問她寫甚麼，她昂然答道：寫Facebook。

人人只寫不讀，進入二次元年代，身邊酒鬼一邊戳著電話，一邊把酒樽塞進嘴巴。有誰會在花間蔭下，安靜優雅，來三杯兩盞淡酒，想念李白？

攝影資訊

想要在旅途中將美麗的紅葉捕捉下來，請記得以下要點！光線要逆光或斜側光，使輪廓線條明顯，構圖簡潔表現生命力，取景時以色澤鮮豔的部份做為前景，表現浮世繪一般的寫實色彩。背景建議以深色或綠色為主，或以紅葉為主角仰拍取得天空為背景也是一個好方法。

旅館 • 千與千尋 • 四萬溫泉

千與千尋

坐普通火車，從池袋搖到大宮，四十分鐘，難得休閒。在大都市，可以如此看著火車在不知名的站頭靠站；然後又離開。還未記住它的名字，雙眼已沉重得下墜。才醒來，又是另一個不知名的車站。陌生的乘客上上落落，陽光悶懨懨，車廂搖晃晃。在每一次關門之後，又是一次出發時候。

換乘特急列車，朝四萬溫泉開往。車廂竟然滿是愉悅笑聲，也夾雜著輕鬆語調；這和一直以來坐新幹線的感覺大不相同。那些車廂，坐滿上班一族，各有各在忙工作，空氣裡連一點聲音也沒有，我幾乎連呼吸也要放緩放輕，怕驚動一觸即爆的計時炸彈。

在小火車，感覺很自在。途中經過的車站，只是一座月台、一幢小屋、數張長凳、滿園樹木。車站後是一望無盡的平房，各自佔據著一個丁方，看上去儼如小小積木塊，砌出了大雄和叮噹的世界。

陽光之下，在中の條下車，轉乘已經上滿乘客的巴士。在溪谷中的小村落下車，眼前是新湯溪上的小橋，再走便是四萬溫泉的溫泉街。它是我到過最短的溫泉街；在這個一邊靠著山，一邊靠著溪流，只有幾間溫泉旅館的小鄉，在彎彎曲曲的馬路邊，停滿從東京來的小汽車。

F4.5 1/80 ISO-800
線條能給予人獨特感覺，引向百年古樓的小路，顯現穩定和寧靜、莊重和力量。

F 2.7 1/8 ISO-400
只要能讓自已覺得可愛，任何小物也可以嘗試拍攝。

選擇四萬溫泉，其實有三個浪漫的理由。第一，溫泉鄉坐落長野縣山林之中，與世隔絕，方圓百里，除了樹木，還是樹木。比起那些名氣大得可怕。四周都是觀光客的溫泉區，這裡的紅葉谷，簡直是世外桃源。四萬溫泉，這個被選為「國民保養溫泉地第一號」的溫泉鄉，早五百多年前就是「湯治」聖地，是位於深山裡的秘境溫泉。據說在平安時代，有治百病的傳說。如今，口耳相傳下，更被說成是「美麗與療癒之湯」，因此大受日本年輕女性的歡迎。

第二，正是三百多年歷史的積善館，打開旅館大門，像進入了凝固的時光。這裡分為本館和新館：本館地下的百年溫泉，有西洋琉璃窗飾，更有花瓷地板，和五個圓形古老浴池；新館另有兩個大型溫泉區，依山而成，古樸雅緻。我最喜歡的，其實是入住本館的老房子。甫入和室，彷佛穿越玄關跨入時光隧道。眼前無論是吊燈、花瓶、電視甚至撥輪電話，都是幾十年前的模樣。躺在榻榻米，傾聽木窗外雨滴，呼吸山泉間的清新，閉上眼睛，比住在五星級酒店更舒心。

第三個理由，是溫泉旅館的建築主體，和宮崎駿動畫《千與千尋》的油屋，如出一轍！它的門前，甚至豎立「千與千尋創作藍本」的旗幟。宮崎駿的電影背景多以科幻為主，主題上較為人熟悉的一類是關

F3.5 1/13 ISO-1600
溫泉裡總是濕氣朦朧，拍攝時要在曝光量適當增加EV。

四萬溫泉

交通：上野車站搭乘 JR 吾妻線「特急草津」約 2 小時 5 分，在中之條站下車，再換乘關越交通巴士四萬溫泉方向約 40 分鐘到達，約￥4800。或在東京車站搭乘關越交通 8:45 的高速巴士「四萬溫泉號」，約 3 小時 30 分即可到達四萬溫泉，單程票價￥3000、來回￥5000。

積善館網址：www.shimaonsen.com

四萬溫泉協會網址：https://www.seki-zenkan.co.jp/

於人類與自然的，代表作有《風之谷》（一九八四）及《天空之城》（一九八六）。

宮崎駿說過，在《千與千尋》故事裡，沒有武器，沒有超能力打鬥，所講的不再是正邪之鬥，而是在善惡交錯的社會裡如何生存，如何愛別人，並發揮人本身的智慧。千尋之所以成功，並非是她擊退了邪惡勢力，而是皆因她最終發掘出自身蘊藏的生命力。

故事的開始，便道出千尋一家要搬家了；對千尋來說，即使她將面對不同世界，但她在出場之時的臉上仍是冷冷的，好像對人和事都欠缺好奇。當一家人不小心墜入這個不可思議的城鎮後，千尋的父母因觸犯了規條而變成了豬，千尋更被判在溫泉旅館工作，甚至連自己的名字也被奪去，這就如都市人面對殘酷的社會法則一樣，感到無形的壓力及失去自我的恐怖。

宮崎駿曾聲稱，他的動畫在創作時都是以五歲至十歲的兒童為目標觀眾，認為這個年紀的孩童具有超出成年人想像的靈性和幻想力，於是建構出一個個天馬行空色彩斑斕的夢幻世界。然而，每當電影成形後展現在觀眾眼前，五至十歲的兒童真的是最能懂得亦感受最深的那一群觀眾嗎？

動畫歌頌讚揚的真愛、善良、友情、正義、和平、勇敢以至責任，感染到的，卻是一群童心未泯的成年人。現實社會愈來愈曖昧，好惡難辨，他是從孩子的視線出發，把故事講給陷於經濟不振的日本人聽，給城市人一點忠告吧。

其實，我們都是一群進入成人世界之後，經歷殘酷現實和黑暗挫折的大小孩。見過虛妄，才更容易被真摯打動；經歷黑暗，才更懂得光明的珍貴。

住在積善館那一夜，夢裡，我就是千與千尋的神隱少女。

F 5.6 1/25 ISO-800
老邁的相機，老邁的臉孔，逝去的日子，逝去的時空。
重點看是相機，實在是背後霧化的顏容。

F 4.5 1/100 ISO-400
燈籠上的兩顆對心，才是我最想拍攝的主角。只要風格統一，背景多一點旁枝，都不會覺得太雜亂。

F 5 1/1250 ISO-400
穿透石燈，在景框中觀察背後如火的紅葉，是一種秋天的獨有味道。

攝影資訊

當我們身處在大自然中，滿眼都是景物，撩亂紛雜。剪裁的內容，取景的位置和拍攝角度等也不是倉促決定。為此，必須默默觀察，結合累積的經驗，選取認為理想的角度去拍攝，隨之再加以剪裁。所謂剪裁是要不容疏忽，不管一草一石，一枝一葉，都列入需要考慮的範圍。

許願●繪馬●來歷●紀伊

愛情許願

我曾經很多次，在想念你的時候，收到你的電話。你也曾經很多次，在按下最後一個數字鍵前，電話鈴聲響亮閃現我的來電。

於是，我們確信彼此存在微妙連繫。

信念，是一種很強的力量。它可以把兩個人拉近；它可以開山劈石；它可以流傳千古。

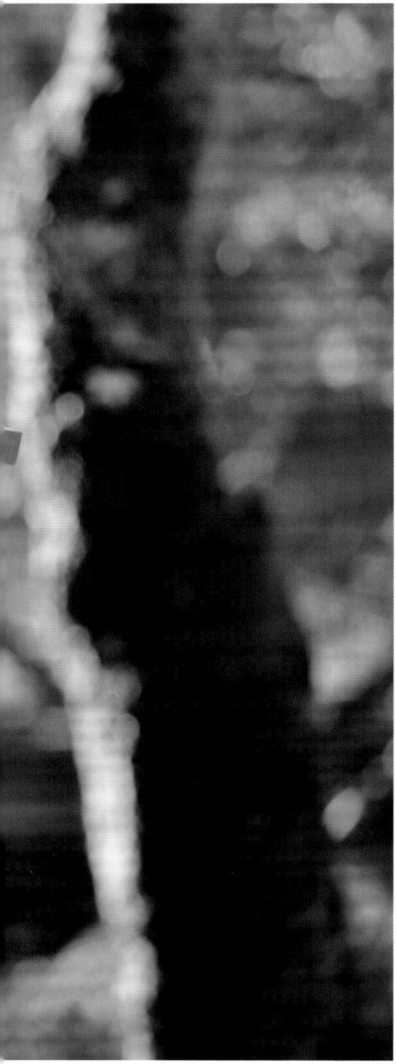

F 4.8 1/160 ISO-400

這是一幅運用虛實效果的構圖，所謂虛實，是指被攝主體與空間前後景的模糊程度。以虛托實，目的是為了突出主體，渲染氣氛，增強空間縱深感。

F3.5 1/60 ISO-100
漂亮的貢燈，和紅白相映，高高低低組成波浪線，富有吸引力。

日本人對神道教的信仰，對我來說，總是披上一層迷霧。與其說神道教是一種信念，我反而覺得不如說是一種生活方式。它宣揚自然萬物共生，大自然萬物，花鳥草木都可以是神；又與儒、釋、道學說相結合，經過兩千多年蛻變，成為日本民間不滅精神。

神道神明中，大都支配著人們的某種生活，且各有各的動物使者。在日本很多地方都可以找到神社，在騰雲的高山、古老的杉林、深幽的湖畔甚或城市高樓中。而朱紅色大殿和巨型鳥居，是最吸引的亮點。每次走到神社大殿前，總駐足在賣「御守」的地方。一個個像繡荷包的護身符，像糖果一樣，色彩斑斕羅列出來。這時，我便會想起你。你最近有沒有甚麼煩惱？剛剛被交警罰款？買個交通安全御守給你吧。足足病了兩個星期？要買個健康御守了。整個月都諸事不順？還是挑個大大的開運御守。到最後，甚麼也沒有買。因為，你根本不會掛起這些搖晃又看起來不漂亮的御守。

取而代之，我多數會掛一個繪馬。從前日本貴族祭典，會用活馬祭天。後來覺得太奢侈，用木馬取代；發展至今，成為一個個掛在神殿前的小木板，讓信眾寫上願望。在這裡，我時常會看到人家祈求考試順利的許願。每年十一月十五日，日本人讓小孩子穿上和服參加七五三節，即是三歲和七歲的女孩，以及五歲的男孩，會來神社參拜，及祈求健康。當然，成年人也會時常來參拜祈願。如果誠心一點，可以身體力行，走一趟熊野古道，用雙腳踏在石板道，穿過森林，攀上天級，昭告神明。

F 5 1/640 ISO-800
金色的背景，把我的腳步牽引，拍下天黑前的溫柔黃調。

位於紀伊半島南端的那智勝浦，境內的熊野三山，為熊野本宮大社、熊野速玉大社與熊野那智大社的總稱。熊野三山信仰融合了自然崇拜，是全國三千多個熊野神社的總神社。自古貴族與庶民們前往遙遠的熊野三山朝拜，透過旅途上所遭受的種種磨難，如修煉苦行般洗滌罪孽，獲得重生。

時至今日，每年的十月舉行的熊野詣，是紀伊勝浦最大型慶典。來自全國近一百位女子，會穿著傳統服飾，頭戴竹笠，模仿平安時代的參拜情景，浩浩蕩蕩走過熊野古道。

來紀伊勝浦，我在參拜熊野古道之前，決定先沐浴淨身，入住佔有整個溫泉島的海上酒店。日出之前，在忘歸洞泡溫泉。由於洞口向東，很多遊客聚集在此等看黎明前的一刻，然而，海面視線被大岩石所擋，看不見日出初升，只有漫天紅霞彩雲。一身芬芳乘接駁船回碼頭，再乘巴士往那智山。山上有熊野那智大社和熊野本宮大社，更是熊野古道一部分，因而被列入世界自然遺產名錄。我在朱紅大殿前穿上平安時代服飾，感受古代修煉苦行點滴。我頭戴笠帽，身穿華麗紅裝，撐一枝木，在幾個宮殿漫遊，不知不覺來到熊野古道其中一段入口，拾級而上，幻想置身平安時代，誠心來到神山參拜。眼前的竹林，幽深古雅，站在古樹腳下，頓感自身何其渺小。

我愉悅地在林蔭寺堂間遊走，借一身雅服，換一小時思古之溫柔。褪下古服，我來到三重塔，仰望那智之瀧（那智瀑布）。大水從山頂一注而下，仿若白絹在天上落在凡間。它不是雄渾壯闊，卻是綠林中的唯一清泉，把高山破成兩截。在陽光照射下，三重塔的金頂輝煌閃耀，與後面的一注銀水，相映成趣。

在神社前掛上繪馬的一刻，我誠心許願。

小時候看童話書，神仙總賜給人三個願望。你會怎麼許願？那時候我想：我的第一個願望是希望自己再許一百個可以成真的願望，接著的兩個願望，留給我兩個弟弟。很慷慨吧？對的，因為我已經有一百個機會。

說穿了，其實很貪心。

繪馬只有一個巴掌那麼大，寫不了多少願望。在神明面前，寫出一百個願望成真的祈願，好像太投機。我只好密密麻麻寫下很多個祈願，不浪費一點空間，字體細得像「米雕」藝術。

這個願望，說是為你祈許，其實自私到不得了。我希望──你比我長壽，長命百歲。

紀伊勝浦

交通：從新大阪站前往紀伊勝浦火車站，車程約 3 小時 30 分鐘。來往那智熊野大社和火車站之間，有熊野交通的市巴士行走。

紀伊勝浦網址：www.kumanonachitaisha.or.jp

試穿平安服遊　走千年古道

如果想體驗穿著日本鮮紅色平安服，可以在熊野那智大社內租用。入內找個職員，她便會帶你進入旁邊的側殿，選擇服飾，並替你穿戴妥當。

收費：每小時借用費￥2000，自由在附近殿本拍攝。

營業時間：10:00- 15:00。另外在大門坂也有平安服出租，但由於穿上平安服後，在石板級上行走不便，不及在本殿的廣大平地活動那般舒適。

F 6.3 1/250 ISO-100
在那智山上拍攝時，要根據遠近景物安排畫面，選好拍攝點。

F 4.5 1/250 ISO-200
如果你把相機設定為自動選擇對焦點，相機會看看哪個主體距離相機最近，然後對焦。不過畢竟相機不了解你真正想對焦的部分，因此拍攝有前景的主體，建議採用單點對焦。

祭 • 傳統 • 東日本 • 北海道

最前衛　也最傳統

安穩的人，總是追求不安定；不安定的人，總是渴求安穩。擁有穩定職業的我，不停旅行；那些天天出差的旅人，足不出戶。世事萬物，總像快門和光圈，互補長短。日本有安定可靠電力供應，因為有不安穩的核電廠；日本人甘心安守循規蹈矩，因為他們存活於不安穩的版塊。這樣，便解釋了最前衛的日本，固守著最傳統的祭禮。

一心為看秋祭而來盛岡。明知祭典是下午一時才開始，卻預早三小時來到八幡宮，為的是想拍攝多點花絮。神社空地上架滿讓小販擺賣的攤檔，有吃的玩的，仿似一個遊藝會。時間尚早，未見很多人參拜。我走到殿前，欣賞朱紅大殿的宏偉。殿前放了兩台橋，精緻絕倫，在日光下閃閃生輝。

神社下有另一個小廣場，擺放了十二支神像龕，是守護所屬生肖的幸福神。後方築有小棚，正預演著舞樂，披著素袍的樂器演奏者，不斷重複著簡單調子；台上另一個身穿傳統日式服裝的舞者，一節一拍和著他們的音韻，表演著不知名的舞步。淡淡旋律，為神社更添一份靈氣。

時近正午，遊人陸續前來，我在盛岡市多日，今天才真正看見「人氣」。晴空下，

F 4.8 1/350 ISO-100
我看到的這三位廟祝，在寂靜的山林寺廟中，紫色背影在黃葉下份外奪目。

盛岡

交通：從仙台出發，車程 50 分鐘，每 20 分鐘一班。

秋祭山車巡遊

盛岡秋まつり：盛岡八幡宮的秋祭山車巡遊，有三百多年傳統。公元 1709 年，寶永六年，城下共二十三町舉行秋祭大典，場面浩蕩，傳承至今。每年 9 月 14 至 16 日，全城大街小巷，都是一列列華麗山車。山車上有歌舞及太鼓表演，每列車有 200 人前呼後擁，氣勢壯觀。

節目及路線

9 月 14 日下午 1 時
八幡宮前山車巡遊
9 月 15 日下午 5 時 30 分
岩手公園至大通二丁目山車巡遊
9 月 16 日中午
八幡宮前古裝馬匹巡遊

小小街道上掛滿秋祭燈籠，一左一右，擺出跟遊人步伐一致的節拍。

我走到街上湊熱鬧，雖未正式開始祭典，但「山車」已預演作熱身。看那些最少三層樓高的巨型山車，靠著兩個木輪，由數以百計的人前呼後擁。或拉車，或擊鼓，或歌唱，或吹笛，眾志成城，令人感動。途中有民間自發補給站，放了一盅米酒，一杓一杓給路過的山車社員沾唇，以示鼓勵。

離祭典開始尚有一小時，我再走入神社已是水洩不通，一批批市民像潮水一樣進逼八幡宮。但見神社職員換上唐服，甚至有些更穿上草鞋，服飾一絲不苟，只為讓四百年前的古風復活。他們列隊站好，大祭師騎著綴滿裝飾的碩馬，昂然站在社殿出口。

巡遊開始，山車一頂接一頂，在碧空下爭妍鬥麗。參賽共有九個組別，每組別都有過百人列陣，男女老幼，整齊列隊，各守其位。每個隊伍，打頭陣左右各兩排每人手執粗麻繩「掌舵」，中間是數十個婦孺，當中有老嫗有嬰孩，萬眾齊心，和著大隊吶喊。山車出現，前排是坐著打鼓的小童，認真地高舉手伸直鼓棍才落下敲擊，一下又一下，志氣可嘉。旁邊拉車的人，跟前面的叫著「伊~索」「伊~索」，滿腔熱情，無懼烈日煎熬。山車背後另有四位鼓手，邊打邊喊，齊聲助威。龐大的隊伍一個接一個，九組車列跟夾道的觀眾連綿不絕，形成一條沒有盡頭的人龍。

終於，我在今天，看見了最繁盛的——盛岡。

F 5.6 1/500 ISO-200
光線來自被攝景物的背面，而強烈的輪廓光可勾勒出物體的清晰形狀，從而創造出鮮明而簡潔的畫面。

F3.5 1/80 ISO-100

搶拍最能拍出節慶中生動的人像作品，需要有時間在同一地點長時間停留，例如穩守在街頭，巡遊隊伍自然會陸續出現。

F 4.8 1/6 ISO-800
光線來自景物的前方，反差小，其色彩、線條、形態、氣氛都能得到真實的表現。

攝影資訊

從照相機背後投向被攝者，與照相機鏡頭光軸形成大約0—5度夾角的照明光線，叫做順光。順光照明的特點是，被攝者面部及身上絕大部分都直接受光，陰影面積不大，被攝者的影調比較明朗。採用這種照明方法，立體感較弱，但可以凝造出光亮和快樂的氣氛。

健行 • 奧入瀨溪流 • 十和田湖

旅途上的落花流水

現代人可以輕易馳騁世界，熟知天下；但內心卻往往封閉拘囿。大旅行家余順純獨自徒步中國八年，最終死於荒漠。他旅行，大概是為了擺脫孤獨。在互不關愛的熱鬧擁擠之中，我們感到無窮孤寂；在茫無人煙荒漠原野，我們卻找到無比充實。

F 7 1/10ISO-400
拍攝小溪，多為信手拈來的小品，故攝影者還要在光線和色彩上取勝。由於山澗溪流光線較暗，拍攝時應用三腳架穩定照相機。

F 5.6 1/60 ISO-100
偶爾看到水窪，由於平面如鏡，我決定拍攝水中藍天倒影，表現出一種寧靜。

十和田湖

交通：
在青森火車站外，左面有一個標明「十和田湖 JR Bus」的巴士站。從這裡可以乘搭專車往十和田湖，車程 3 小時，車費¥3000；持有全日本 JR Pass 免費。
從盛岡乘巴士前往十和田湖，每天 4 班，車程 2 小時 15 分鐘，車費¥2420。

因為，在旅途中我只是過客，沒有人會對我期許。遠離常規，我可以打造全新的自己。在日本旅行，我的亞洲人外貌，不會令旁人側目。這種短途旅行，尋找往往是驚艷的剎那。驚艷不只是視覺和味覺，還有聽覺嗅覺。在奧入瀨溪流和十和田湖，我第一次感受到日本大自然之美。

這個隱沒在森山林海，四周皆是斷崖斜壁，秋天時漫山紅葉，美不勝收。它的湖水經過奧入瀨溪流，或緩或急，形成全東北甚至全日本最詩情畫意的美景。二十萬年前，那須火山爆發，形成十和田湖。我乘船往休屋的時候，走到甲板上遠眺。在一潭汪水上漂遊，沒有碰面的船，天地盡頭，彷彿只有這一艘船。四周都是山林樹海，沒有民居，更無碼頭，這一片湖水，大概是從天上某處瀉下……

恍恍惚惚，來到休屋。附近只有一條小村，我安頓好以後，來到湖畔已是日落。村內寧靜得很，如此一個地方，在湖畔一隅，是人間還仙境？

十和田湖的太陽特別早起，我感覺自己像個農夫！五時半起床已是天亮，連忙抓相機奔出湖畔拍照。面向西方，日出是拍不到了；但湖面那種湛藍，卻是前所未見。湖上泛著一絲一絲淺波，如寶石般的彩藍是晨光中肆意展現於環山之前。氣溫很低，我卻不願離開。寧可多熬三分鐘冷風，也要將眼前所見盡藏心底。

奧入瀨溪流是日本人最嚮往的地方，散步道由十和田湖的「子ノ口」出發，一直奔流至十和田溫泉鄉的「燒山」，全程十四公里，如果全程步行，最少需時五小時。從子ノ口出發，午後陽光，毫不吝嗇，漫照在奔湧溪流。時而萬馬奔騰，時而婉弱漂流，每一段都叫人神往，每一剎都叫人注目。

頭頂是楓葉，綠樹成蔭，青天碧水，滿眼盡是良辰美景。散步道上都是同途萬里人，懷著對大自然的熱情，沉醉此間。有人不停拍照，也有人豎起畫架作畫，更多是不發一言，站在石澗旁邊，享受森林浴。一直走到銚子大瀧，但見林蔭間水霧飛花，疑幻疑真，近看才知道是一簾飛瀑。瀑布雖然不高，但勝在寬闊，驟看如一布銀線，落在亂石間，氣勢磅薄。在石ヶ戸の瀨折返，帶著滿身芬芳，滿心潔淨，回去。春天紅櫻粉雨，夏天青山翠林，秋天紅葉燒山，冬天漫雪飛花。它坐擁四時變化；四時也甘願為它留下。

說起流水淙淙、澎湃飛瀑，忽然想到一種全球大概只有日本才有的東西──音姬。這個不唱歌的「音姬」，為女性上廁所掩人耳目。原來日本女生很在意別人聽到如廁聲音，往往踏進廁格便沖水，非常浪費自來水。針對這種習慣，「音姬」功能應運而生。所以，當大家到日本旅行時，一坐在馬桶便聽到天籟之音，可別大驚小怪。

落花流水，到處都是大自然。

F 13 1/15 ISO-400
拍攝瀑布，可用較慢快門速度（如1/15秒），創作出如夢如幻的流水絹。如果光線明亮，也可以在鏡頭前裝高倍的減光鏡。

攝影資訊

拍攝自然風光，沒有固定的景物目標，所以可取的拍攝位置比較靈活，應根據景物的自然條件並結合理想光線來決定取景角度。究竟應以山作主體，還是以水作為主體呢？這就要根據所拍攝的景物情況來決定了。例如川河流近而重山遠，就應以河流作主體，把河流安排在畫面上最明顯的地位，把遠山安排在河流的遠處或兩旁，作為襯托。山水風光也有不少山近而河遠的，這就必須以山為主，以河為輔。山必然高於河，在山近河遠的情況下，站在山下不能看見河流。因此，拍攝山近河遠的景物，就必須站在高山上，用俯視角度拍攝，使白色的遠河在山巒起伏間呈現。

拍流水如絲似髮的線條，要用慢速快門如1/15－1秒或以下，拍下來的瀑布與流水狀態，會仍舊保留著那份流瀉的感覺，使到靜態的風景相片含有一種難以言的輕盈動態之美。

紅・秋葉・京都

情詩

一種執迷
一絲等待
一刻錯過
一點守望
也許
這些人在生命中擦身而過
最終
才湊成愛情的圓滿

人潮滔滔暗湧
異鄉中竟遇上了你
風花夢月　戀愛無聲
沉默像一把鎖
把你鎖在我心頭
相逢　原是為今天兩心廝守
燈火點點滑過
雪地上竟找得到你
此生不朽　歲月漫遊
即使走到世界盡頭
你說過牽著我手
會飛　會飛的溫柔

曾以為不再愛你
但每次見面
心湖漾出漣漪　一圈一圈
思念不能休止
眼前人是你
腦海仍然想你
曾以為可以忘記
但一如往昔
你的眼睛　你的笑聲
無處捨棄
原來最不能擺脱
不是你　卻是回憶

當我正在學習，
怎樣計算　每一件事的時候，
才忽然發現，
自己從沒有想到計算你我之間。

思念你，
連夢中也想著你。
最可怕是，
頭暈轉向　我怎麼也找不到你。
思念你，
醒來時滿腦是你。
最惶惑是，
我究竟是依戀真實的你　還是夢中的你？

有些人相遇太早，
有些人相遇太晚，
但
有些人其實不應該相遇。
你我之間，
千迴百轉；
細雪　與桃花苦戀，
最終落在春泥　溶化繾綣。

你對我來說，
像誘人的咖啡，
沒辦法不要，
而且一生都不希望戒掉。

夜空繁星再多，
猶不及月亮鋒芒，
君子獨愛她冷靜，
有誰過問她的熱情？
長空萬里　討好的人再多，
她的眼光，
終在太陽身邊繾綣，
遙遙守望，
地老天荒。

愛人不難，
難在不愛。
所以　我才會感慨，
不愛　也是一種愛。

以為離開了，
便不會記起；
誰知看到滿山紅葉，
又開始想你。

難以解釋
如何喜歡上你
也許因為執於愛情
也許因為忠於自己

夢見，
十指緊握並未放開；
夢醒，
思念卻隨秋風襲來。

心燈 • 小樽

一個人VS兩個人

雪夜心燈

一個人旅行，最好是去日本。因為有著亞洲人面孔，沒人會太注意自己；在日本聽不懂別人所說，看不懂途中所見，這樣的話，既安全又比較容易進入行者狀態。

一個人旅行，很多時是為了重新整理心境。沒有人和自己說話，自己被逼要和內心對話。我們都聽得太多別人的想法，是時候聽聽心底呼喚。在途中，細心觀看異國人文、耐心聽懂不熟悉的語言、開心品嘗不同味道、專心嗅出大自然氣息和用心感觸冷暖世情。一切的不習慣，令五感重新找到平衡支點。

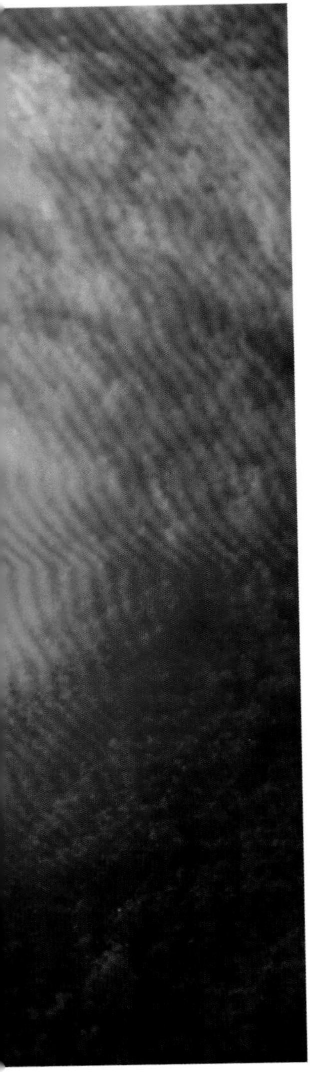

F 5.6 1/4 ISO-400
夜間攝影需要長時間曝光來取得畫面，些微的震動會造成照片模糊，所以腳架、快門線都是必備的器材。不過相機的設定也很重要，建議要啟動「長時間曝光消除雜訊」這個功能，影像品質才能有更好表現。

F 5.6 1/125 ISO-1000
在雪夜拍攝，要帶上腳架（長時間曝光必備）；手電筒（用來觀看相機設定）及保暖衣物！

攝影資訊

進行夜間拍攝，你必須用「夜景」模式，又或光圈先決模式/手動模式。想拍出五光十色夜景，要收細光圈，至少在 F5.6；令相機快門用約 1-2 秒時間曝光。

初學者可以跟隨以下步驟拍攝：(a) 調至「夜景」模式或「光圈先決」模式；(b) 將「時間掣」自拍模式開動；(c) 把相機放在三腳架（如沒有三腳架，可放在附近石壆），對好主體。(d) 按掣對焦，離手，等候 2 秒，讓相機完成拍攝。

F 5.6 1/15 ISO-1600
使用光圈先決，自動曝光配合 ISO，即使手持攝影，也能拍攝清晰。

小樽

交通：

從新千歲機場出發到小樽站搭乘 JR 快速列車約 70 分鐘；或從札幌站出發約 30 分鐘；每 5 至 15 分鐘一班，車程約 40 分鐘，車費￥620。

小樽雪燈之路

在 2 月上旬至中旬舉行的小樽雪燈之路，展期 10 日。「小樽雪燈之路」是由市民於 1999 年 2 月所發起的活動，燭火柔和地照耀著古樸的街道，讓市內充斥著夢幻繽紛氣息。此活動主要是在運河會場、手宮線會場所舉行，到場參加的人數高達 50 萬人次。

網址：www.city.otaru.hokkaido.jp/index.htm

每年二月，北海道小樽運河兩旁、舊手宮線和主要商店街旁都會點滿「雪燈」。這雪燈祭，分三個會場，用冰燈為人們在黑夜送暖。所謂雪燈，是用冰或雪堆成燈罩，內有洋燭，透過冰雪散發微弱光芒，柔和的燭光照耀在銀白雪地上，十分浪漫。而小樽運河也會放上玻璃球，蠟燭隨流波漂浮，火光倒影水面。至於手宮線會場上的雪地燭火，有柔和燈光和藝術品，全是由市民親自手工製作出來，賞雪之餘賞燈，又是另一番詩意。

暈光掩映，冰封的世界忽然點燃處處火光，雪白冰燈令溫熱和冰冷共融。站在小樽運河，看細雪紛飛，在街燈下，細絮仿似螢火蟲漫天飛，隨風舞擺，反照昏黃燈影，彷彿要在飄落前耗盡生命，燃燒美麗。

我在想：原來我一個人也可以。然後，自覺成熟了，終能忍受孤寂。

但其實，我們這樣想，只因根本不是一個人。我們擁有愛，才故作大方說不需要戀愛；我們不會寂寞，才有資格說不怕寂寞；我們無需一個人旅行，才會覺得一個人旅行也可以。已經擁有，才偶然想到一個人是自由；直到失去，驀地發現一個人生活其實不足夠。

一個人旅行，我可以；但非我所想。

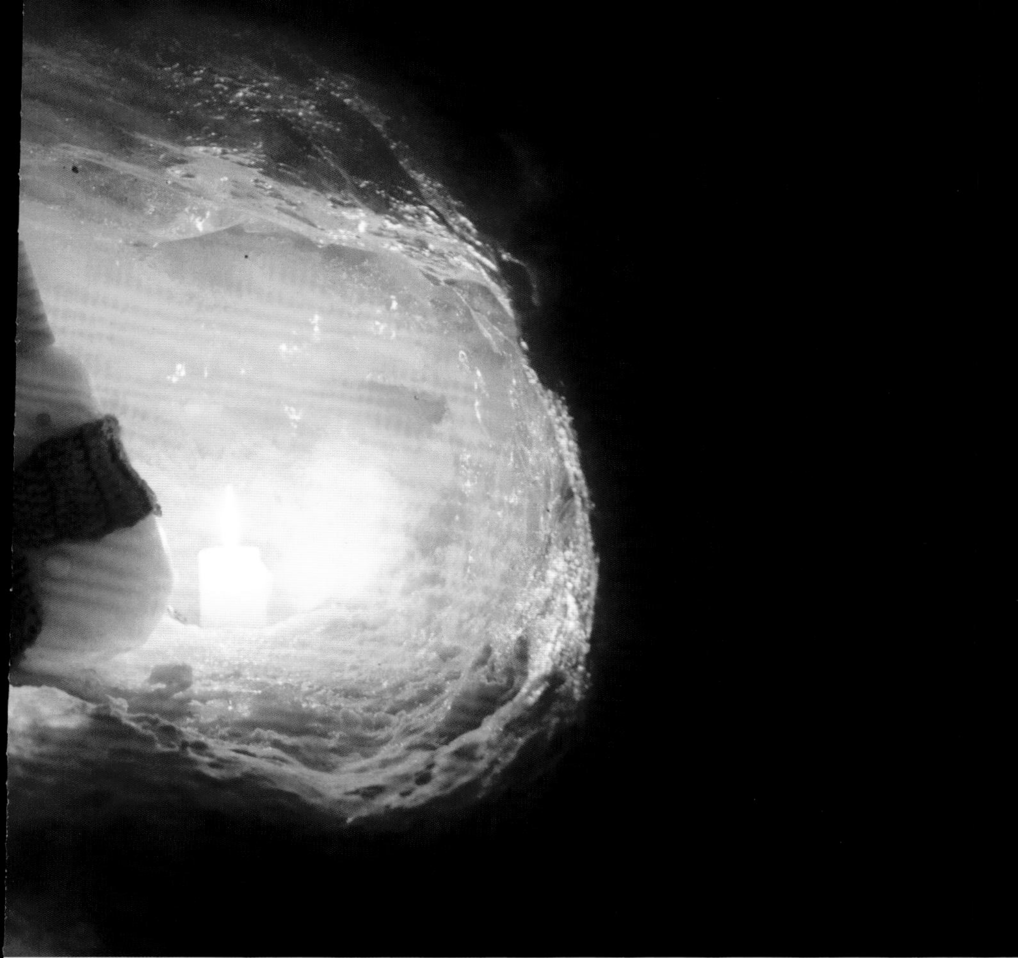

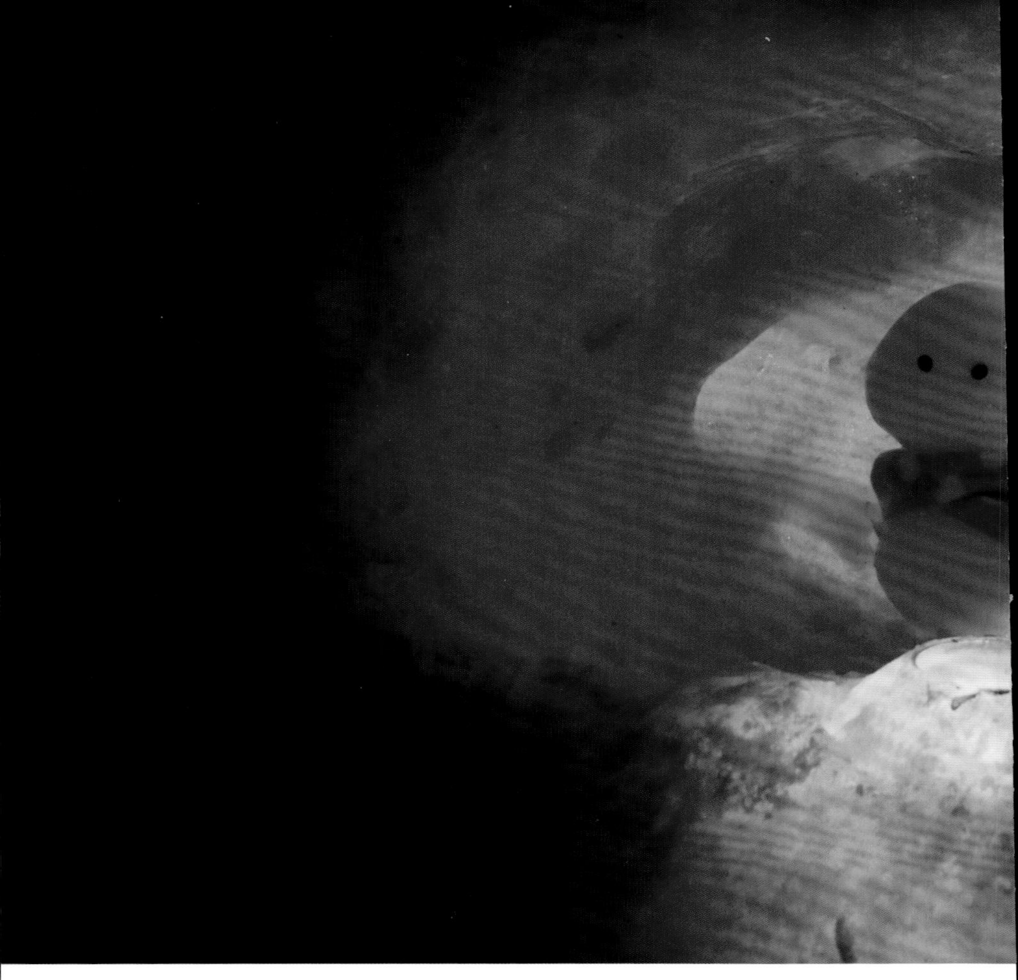

銀髮族

一帖長生不老

冷冽的清晨，我在高山市的鍛治橋頭，發現一個木頭車小檔口，賣的是醬油「團子」，即我們叫的粉糰。一串五粒，以醬油燒成，才賣七十日元，是高山名物。把一串熱騰騰的「團子」遞給我的，是一位年近九十的老婆婆。她呵著熱氣，駝著背也要燒粉糰。我一邊嚼著很有咬勁的「團子」，一邊看她貼在檔口上的紙張。原來，她在這裡開店已經三十年！驀然回首，人面全非，經營至今，殊不容易。日本的老人家，大概是經過苦日子，習慣幹粗活，好像都比較健康和有魄力。打理這個檔口，開檔收檔燒粉糰找贖計算，甚麼都是她一個人做。

日本人以長壽見稱，他們可能覺得未到一百歲還沒可以退休享福，日本人長壽秘密，外國人百思不得其解。其實，他們只要比較一下身型，自然悟出答案。老人家個個體態輕盈，全靠吃得健康。古代日本人吃的野生植物很多，水芹、土當歸、山芋、牛蒡，而且奉葱花為日本神道教靈力之源。這些山間野菜，取之於大地，自然而生，和萬物共榮。人類如果吃下相同水土的農作物，便能健康長壽。大概，當年徐福來到日本，也悟出這道理，把找到的這帖「長生不老」秘方，留給他的後人。

F 2.8 1/30 ISO-400
和諧，是要營造貼切的生活感。素材樸實是關鍵，其中，木製物是最常用的道具。用暖調光線拍攝，更能營造氣氛。

然而，人終究還是會死去。只是，當你愛著一個人，根本不可能想像他會有一天離開。即如，明知老婆婆年事已高，我還是想下次到高山吃一口她做的團子。

我們總希望，幸福永遠相隨，永遠，永遠。

高山

交通：
從東京出發，經名古屋轉高山本線，需時 3 小時 47 分鐘，車費￥14500。
從名古屋出發，搭乘 JR 高山本線（特急），需時 3 小時 47 分鐘，車費￥14500。

古街道
高山市內古老街道的三町一帶，至今仍有江戶時代的商家。美麗的方格街道，讓您享受飛驒高山的寂靜純樸氣氛。
高山的路很易走，城下町內必看必買的歷史民家、工藝、土產、美食，都集中在遊客最多的「三町」之內，那是由「一之町」、「二之町」、「三之町」組成；還有庶民商店、食店又在「本町」、「國分寺通」一帶。
交通：JR「高山」站步行 15 分鐘
網址：www.hidatakayama.or.jp

F 4.8 1/1000 ISO-500
我沒有從一雙老伴正面去拍 ，而是攝取了你們前面的亮點，映照淳酒濃情，秋紅遲暮，在整個畫面中佔了很重的位置。

攝影資訊

不要輕視你的Kit鏡，因為Kit鏡常是神奇傑作，廣角銳利，遠攝可用。若拍攝靜物或小品，建議直接就將焦段推到55mm。在突顯主題的考慮下，不用收細光圈。此時，要很注意對焦的位置，建議採用單點對焦，而不要選擇用自動的多重對焦點。

JR・鐵路旅行

九又四分三魔法月台

女人到了某個年紀，便進入「趕科場」的時期。時間不經不覺在指縫間、分秒間，點點滴滴流走。少女時的輕狂、夢想、憧憬，一一都要拋下。趕結婚趕生仔趕升職，趕著在人生走進中間點之前登上尾班車。

如此急急忙忙登上尾班車，卻忘了看清楚列車行駛方向，也沒有想清楚應該在哪一個站下車。這種慌亂，是因為在月台站得太久，錯過一班又一班車，最後因為疲憊至極，而胡亂跳上列車。

多年旅行，令我培養出一種逆境智慧──先細看時刻表，才好踏進車站月台。如果不巧錯過列車，假期便大失預算。

我是一個超級喜歡坐火車旅行的人。無論走到世界哪一個角落，我都會優先選擇以火車作短途行動工具。可能是因為，人生太多變數，旅途太不安定；我想選擇一種有軌跡可尋的交通工具。

日本火車，是世上最舒適的列車。新幹線準時、舒適和現代化，彈指之間，把你安全地從城市送到鄉下。而普通列車更令人驚嘆！即使在老舊的車廂、即使在慢

F 5.3 1/400 ISO-800
對稱的圖形，有時別具況味，使影像帶有故事性：車廂內兩個向左靠和向右靠的人，明明是這麼近，卻又那麼遠。

85

駛的途中，你也絕不會害怕，又或不耐煩。不光是因為窗外綠林田野令你心曠神怡，也不僅僅是為了上車的高中學生帶來青春活力氣息；而是因為日本人的國民修養太高。在任何車廂，你絕不會聽到乘客旁若無人高談闊論講手提電話；你絕不會看到叔叔嬸嬸大包小包擋在車廂通道；你絕不會擔心打個瞌睡，手提行李包會不翼而飛。大部分日本人，即使在車廂談天，都會壓低聲線，生怕打擾其他人。如此旅行，你真正可以把心情放鬆，讓目光放空，思考人生。

在計劃行程，搜尋列車的時候，偶然會看到在特別時限行駛的主題列車。有的是復古蒸汽火車，也有的是森林浴又或賞楓觀海的小火車。

而最深印象，是在五所川原的暖爐列車。

坐火車從青森，到五所川原站轉乘津輕鐵路。津輕鐵路是運行於津輕半島上田園地的私鐵。冬日時節，小火車沒有走綠田野，只是踏著滿地白雪。從十一月到五月，這裡有暖爐列車行駛，每天兩班來回。柴油古老火車頭，拖拉著兩節車廂，在風雪飄搖的路軌上行走，咔嚓咔嚓，嗅著濃烈鄉土柴油味。

津輕鐵路沿線最有名的城鎮叫金木，是日本著名文學家太宰治的出生地。中途在金木下車，便可探訪這個明治時期大地主後人的故居。生於斯長於斯，他的史跡成為金木最重要的歷史。太宰治紀念館《斜陽館》，是他的富爸爸建造的飛簷式大宅。現在，遊客可在內回味他們家族的風采。

F 5.6 1/320 ISO-640
線條是構圖的骨架，不同的線條能給人以不同的視覺形象，如水平線能表示穩定和寧靜，斜行線則具有生氣、活力和動感，曲線和波浪線顯得悠閒。

回到溫暖車廂，遊客滿有興致圍觀車廂內的兩個木炭火爐。耳邊傳來噼噼拍拍，空氣中瀰漫著思古情懷。相識不相識的旅客，因為一份共同的旅情，而打破隔膜，互相交換喜悅和問候。乘客買了魷魚，可以在圍爐上燒食，一邊賞雪，一邊吃著熱呼呼香噴噴的小吃，又是另一番體會。

炭火燃燒出來的，不僅是一份溫暖，還有一脈人情。

拐個彎、鑽進隧道，下一站說不定是百年孤寂融化，積雪消融，重見天日。旅途如人生，要扭轉乾坤，總不能單靠拜個土地，望天打卦。好好規劃旅行，踏上火車，認清方向，狠下決心，頭也不回下車。

如果仍然未找到人生座標，沒有關係，也來一趟規劃火車旅行。一次兩次，再不行便三次四次十次。當你像我一樣，手到拿來計劃旅行，自然也輕易選擇人生。

F 9 1/1250 ISO-400
光線直接影響色彩和影調，在白色的外牆，因為光線不同，產生與別不同氣氛，帶有象牙色。

津輕鐵道

行走津輕五所川原站至中里站的平原。烤魷魚冬雪列車運行時期：11月中至3月中（夏季尚有風鈴列車和鈴蟲列車）

收費：¥840＋¥300（特別列車收費）（單程及來回同價）

網址：http://tsutetsu.web.info-seek.co.jp

建議旅程：由於來回車費按點收費，如果只想感受暖爐列車趣味，可以只坐半程到金木，下車遊覽景點再回程，既省時又省錢。如果不想花太多時間在五所川原和金木，可改乘從14:05出發的小火車到金木，遊覽1小時後回車站乘15:36回程的火車。

攝影資訊

如何拍出鮮艷奪目火車照片，基本上構圖是非常重要。在火車站前拍攝，可以拍攝軌道，影像視覺延伸，是絕佳拍攝景點，再等候火車通過。

另外，將感性與幾何結合，表達照片主題，善用人物入鏡，可使畫面更富戲劇性。

F 9 1/40 ISO-400
捕捉鐵道瞬間，將它的各種影像拍攝，每一種方式，都能夠直接的表達自己對於鐵道的熱衷。

F3.5 1/100 ISO-100
路軌總是令人注目，因為，它蘊藏線條：濃線重，淡線輕，粗線強，細線弱，實線靜，虛線動。

F 2.8 1/30 ISO-100
雖然只是一張平實的照片，但你可感到車廂內暖烘烘的喜悅嗎？

浪漫．雪人．登別

黑夜的房子

波蘭著名女作家Olga Tokarcruk説過，人生活在白天的房子和黑夜的房子裡；白天的房子是清醒，黑夜的房子是昏惑。旅人當然也有兩幢房子，白天的在現實，黑夜的在旅途。

我在旅途上，住過很多酒店旅館民宿，甚少重複。唯一，是在登別第一瀧本館。它是登別最悠久的溫泉酒店，也是最接近地獄谷的一間。我很喜歡它的溫泉，叫天國；地獄旁邊，便是天國。

很多年前，第一次入住大型溫泉酒店，對這裡的一切，都感覺新奇。甫進入和室客房，便看見「玄關」和「上框」。我當時不明白，小小睡房，為甚麼多此一舉做一個玄關。後來，住多了日式旅館，才明白對日本人來説，它是非常重要。

日本住房通常分三部分，最外面的是「土間」，大多是水泥地板；然後是高出二十公分的「上框」的木板和「榻榻米」。主人迎客，一般在「土間」進行，訪客寒暄一番才脱鞋踏上「上框」，登堂入室。而其他甚麼推銷員郵差鄰居之類，一般都待在「土間」，辦事後離開。換句話説，玄關是私隱的重要「關口」，如非必要，閒雜人等絕不容易闖關入屋。所以，即使是酒店房間，也要有玄關。

而當我脱鞋踏入室內，腳板觸及的是柔軟的榻榻米地板。「和室」大小以榻榻米數量計算，四疊半、六疊、八疊，一絲不苟井然潔淨，是旅人奔波一日最舒心的棲息。多年之後再入住，感覺如一。

English
Sacred Fortune
英文おみくじ
¥100
おみくじ
浄
線香一束

溫泉旅館往往是旅途上的亮點。我去過日本很多不同地方，有些記憶殘存零碎，化作點滴；但對於溫泉旅館，卻是抓得最實在的記憶。原因是，我不光是把記憶刻在腦海，而是把它吃進肚子內。這些酒店，通常都有「一泊二食」；一宿兩餐的收費，還包含泡溫泉。由於入住時間是下午四時，交房必須是早上十時，如何好好利用黃金十八小時，便是我每次入住溫泉旅館的首要計劃。

我會準時辦理check in，率先到浴場浸一次溫泉；然後走到外面的溫泉街逛遊。六時半晚膳，回房間稍息或看書；九時再到溫泉浸一次夜浴。翌晨清早呼吸晨霧，泡在溫浴作訣別洗禮，才吃早餐。

如此這般一宿二餐三溫泉，才不枉我遠赴千里、引頸期盼的溫泉旅行。走上走落，好像很忙？沒關係，趁我現在還有力氣，上緊發條。

是的，我可從沒說過，旅行要閒著無聊。在旅途上赤腳奔跑，我才感到快活逍遙！

攝影資訊

拍攝雪地，背景太光，會欺騙相機測光，令主體或雪景一片灰暗。所以，要使用閃燈或曝光補償（EV+1），替主體補光。

另外，還要注意：

1 白平衡—雪景的色溫往往偏高，可以使用自訂白平衡還原色彩。

2 相機電池保溫以及器材的保護。

F 4 1/2000 ISO-400
拍攝這張照片時，我為了拍出和企鵝並高效果，足足跪在雪地超過30分鐘！

登別溫泉

交通：
乘坐往返於札幌和函館的ＪＲ特急列車，在登別下車。從札幌前往約1小時，自由席￥3850，指定席￥4300。搭乘普通列車約￥2500，但需時近2小時。另有道南巴士，每天往返於新千歲機場與登別溫泉之間，車程約1小時半，車費￥1330。（登別大部分酒店為住宿客人提供往返札幌的免費穿梭巴士，須提前預約。）從登別站到登別溫泉區需10至15分鐘車程，車費￥330，每小時1至2班車。

第一瀧本館
登別溫泉內最古老的飯店是緊鄰地獄谷的第一瀧本館。非住客入浴使用時間：9:00～17:00；無休息日；
入浴費：￥2000
網址：www.takimotokan.co.jp

農村・鄉民自發申報世界文化遺產・白川鄉

冬日的童話

第一次在日本看到「圍爐裡」，心裡很是好奇。這種沒有煙囪的火爐，在地板挖個正方形洞窟，放上木材燒，上面懸空一個鐵鈎，可以掛個鐵壺，又或直接把焗擱在爐火上。圍爐邊緣可以插上鐵串烤魚烤肉，四周是一張木枱，冬天圍在一起取暖吃飯喝茶聊天。這種設計可以上溯自一千年前的繩文時代，焚燒木材的薰煙可以令草屋頂防濕防霉，乃傳統大智慧。現在要看這種建築，便非要到日本中部岐阜縣。有一個冬天，我出走到沒有火車可到的白川鄉荻町。

白川鄉仿若世外桃源，傳統木構的屋頂上，披著一層厚厚的雪棉被，宛如童話中的薑餅屋。在冬夜才會亮燈的白川鄉，一直是我最渴望看到的景致。華燈初上，山村籠罩在一片雪白恬靜的氣氛之中，美得令人屏息，無怪乎白川鄉被旅人冠以「冬日的童話」之美稱。

巴士穿過一條條隧道，忽地豁然開朗，來到一個白雪天堂。車外是農野和雪山，滿目是人跡罕至的雪國。這個於一九九五年成為聯合國教科文組織頒布的「世界文化遺產」，每年吸引世界各地數以萬計的旅客慕名而來，是因為「合掌造」！它呈人字型

F 5 1/125 ISO-400

紀實攝影需要讓人欣賞和了解拍攝當時的環境、氣氛、人物及攝影師的感覺，可以帶出故事，仿如一篇文章一樣。我每次看到這張相，都記得那一刻的歡聚。

攝影資訊

原野是一片平地，如果不站立在適當的高位以俯角拍攝，便不能把原野現象全面表現。而農村風光擁有優美環境，房屋一般都不很高，而且較為聚集，如果站在附近的山坡上，就可以把它的廣闊無垠完全表現出來。其次，一年四季農村的不同景色、農作物、色塊等，都是上佳的拍攝作品。

F 2.8 1/16 ISO-100
來看這張圖片的視覺深遠：這張圖裡有三角和線，合掌屋是三角形；田埂也是一條條線。從構圖方面看，這張圖片給人最深刻的印象是：深遠、簡潔。

的屋頂如同兩手合握一般，已有約三百年歷史。我懷著興奮的心情，甫下車便一股腦兒拿著相機對著巴士站旁的合掌屋聚落瘋狂拍照。藍天無雲，步行過橋，進入寧靜村落，彷彿是童話國裡的佈景。厚厚的乾草上，蓋著晶瑩的白雪，偶爾滑落，淅瀝沙啦，叫站在屋簷附近的行人觸目驚心。這裡的冬天十分寒冷，整個村莊也經常受困於大風雪，與外界交通中斷，但也許是因為這樣，更增添其神秘美感。

我呵著暖暖鼻息，氣呼呼前往半山上的觀景台。沿途經過很多合掌屋和農田，冬天的時候，這裡只有單一的色調─白色；但在夏天來到，便會看見青葱綠地，田裡的禾稻欣欣向榮。十八世紀時，明治時代日本的商業無法和歐洲國家競爭，便獎勵農民養蠶取絲製造絹、綢，以期換取外匯，白川鄉也加入了養蠶的行列。白川鄉的冬天很長，不能養春蠶，於是他們想出一個辦法：在房子的閣樓騰出空間來養蠶。村民把一樓住家的熱氣，引導到樓上，使得寒冷的春天，在屋內也能養蠶。

走上半坡，左右都是薄薄披著白雪衣裳的高杉松木，乍看還以為自己進了黑森林。二十分鐘左右，來到山頂。是另一幅景象！四周都是一片白皚皚，我跳進厚厚的雪地上，印下深深的足印。到達觀景台，我看傻了眼。眼前所見，雪山縈抱下，是幾十座合掌屋和百畝農田。它們都清一色鬆上銀妝，在雲下閃耀光芒。如果問我，哪裡住著雪國來的天使，哪裡有童話裡的仙子？我一定毫不猶豫，告訴你：祂們都住在白川鄉。

F 2.8 1/60 ISO-100
帶著說故事的心去拍照，一張簡單的地圖，深藏無限風景。

白川鄉

交通：

白川鄉的交通，主要靠巴士接駁。由於白川鄉深處谷地，如在嚴冬，大雪可能引致封路。讀者要特別留意冬天的交通情況，預留多點花在交通上的時間為佳。濃飛巴士是最方便快捷的交通工具，班次不算太疏落。

濃飛巴士網頁：www.nouhibus.co.jp/top1010.htm

住宿：

民宿網頁：www.shirakawa-go.gr.jp

六十年代，白川鄉在籌建水壩之初，有些「合掌式」建築被轉手賣出，甚至改建為現代建築，引起村民的憂心。因此，村民發起保護運動，於一九七一年成立「白川鄉荻町村落自然環境保護會」，制定了保護資產的住民憲章。合掌村的歷史，其實正是居民自覺守護家園，天助自助者的寫照。目前白川鄉內共有五條合掌村落，其中以由一百一十間合掌屋組成的荻町最壯觀。全村有百餘幢以茅草覆頂建成的房屋，全部人手興建，不用一根釘。

相傳這種建築形式的興起，是在十三世紀源平戰役之後，平氏家族為躲避源氏的追殺，逃入深山駐居，為禦寒並方便躲避追兵，才想出這種可隨時遷移的房舍建築。這種從德川幕府、江戶時代中後期保存下來的木造歷史建築，最怕的就是火災，因此來到合掌村，會看到村內有許多的消防栓和噴水槍設備。

我預訂的民宿，是「幸工門」。它建於江戶後期，約三百年歷史。三十年前，成為村內第一間民宿，最初是接待來修路的工人。一九九零年，全村村民總動員替它重鋪屋頂，現在是村內頗具規模的旅館。在合掌屋用膳，是全部客人一同圍爐。五個互不相識的人，吃飯時很拘謹，沒有交談。但飯後，男主人大谷昭二忽然出現！

大谷昭二略懂英語，雖然交談時有點困難，但大家仍耐心地互相猜測彼此的意思。一眾圍爐暢飲，他怕客人不勝酒力，特別把百分之廿五酒精的燒酒混和百分之十五酒精的清酒，給我們試飲。日本全國都有清酒釀酒廠，具有個別地方色彩，稱為「地酒」。昭二先生把清酒放在圍爐上溫熱，至近攝氏五十度的「熱燗」，外面寒風刺骨，內堂圍著火爐，握著暖杯，份外窩心，幾杯下肚，他便聊起自己的故事。

他說村內合掌屋眾多，茅草屋頂，雖然堅固實用，但每隔三四十年就必須更換。平均每兩三年便有一所要修補屋頂，所以村民習慣把乾草預先準備好。每次有哪一家人的屋頂需要翻修，全村的人就會同心協力一起完成。由於動員最少三百人，所以除了找一百名村民幫忙，還要借用約一百名學生和一百名從其他地區招募的友好。如此勞師動眾，為的是守住人家幾百年祖屋，足見日本人的團結精神。

我深深感到，大谷先生對幸工門有著不可估量的獨特情感。他著緊地告訴我：這兒掛著的幾十個名牌，都是下榻過的名人；那兒每本雜誌，都有旅店的名字。

幸工門對他來說，不獨是有形的財產；還是無形的精神富足。

香港人，對鄉土感情絕對不及日本人。年青人在東京上班闖天下，心底總有一條退路：回鄉。生活再苦，鄉情便是依歸。而我們土生土長於這個大都市，人人祖籍大陸某縣，卻沒有一片回鄉立足之所。記得童年時還會回鄉，不知怎地卻漸漸疏遠。是我們真的無鄉可回無家可歸，抑或故意把同宗同族遺忘？

冬・雪・北海道

明日之後

每次在旅遊講座，我都會勸我的讀者，冬天訪日，千萬不要自駕遊。理由是，日本的風雪並非兒嬉。

第一次見識，是在盛岡往青森的路上。當時因為買了渡海輪聯票，乘巴士到青森比較化算。那天早上，盛岡車站下著微雪，上車後發現車廂內根本沒其他乘客。司機從發動引擎的一刻開始，口中便唸唸有詞。窗外風雪愈下愈大，他唸起來更上勁。然後，巴士走上公路，環山而行，眼前白茫茫一片，大雪令視野降至最低，除了隱約看到「降雪注意」之類的訊號燈，四周甚麼也看不到，簡直是電影「明日之後」的場景。我不知道司機當時是怎樣在左面是懸崖右面是峭壁的公路上奔馳，只知道近兩小時車程中我一刻也不敢打瞌睡，直至抵站一刻，心裡為撿回性命而感到萬幸。

後來，有一次去網走坐破冰船。風吹雪打下來到市中心，住的酒店在火車站對面。翌晨想出發到碼頭，接駁巴士卻一直未見出現。十多個遊客在巴士站鼓噪，有人到火車站了解才知道全市陸上交通癱瘓。想改變計劃坐濕原列車，誰料陣風強勁，海邊的車軌也受風雪央及，連火車也停駛。一息間，我變成滯留在北海道僻鎮的其

F 9 1/100 ISO-200
日本攝影師拍攝風景時，「如何取景」擔當了很重要的角色。如以靜物拍攝為目標，請大家記住一個重點：和諧。

攝影資訊

森林屬於自然風光的景物，沒有個別固定景物目標。森林的景象是隨著不同的季節而變化的，拍攝時需要身處林中，選取有遠有近，有高有低，有疏有密的樹木場面，以平視角度拍攝，才能在畫面上顯示出廣闊、深遠的森林面貌。

雪景雖美，但雪白的背後卻隱藏著無限危機，從事雪地攝影，切忌逞一時之勇，必需先做好萬全準備。

對雪景之表現，著重氣氛之營造與韻味之掌握，要將情感和生命的內涵，賦予作品，才能超越平凡，提昇創作境界。

F 4.8 1/350 ISO-100
拍攝雪地，當雪沒有整片覆蓋，高低反差大，穿插在一起，容易產生錯誤測光。我寧選白色來測光，不挑複雜的樹梢；用中央測光，再加 EV 補光。

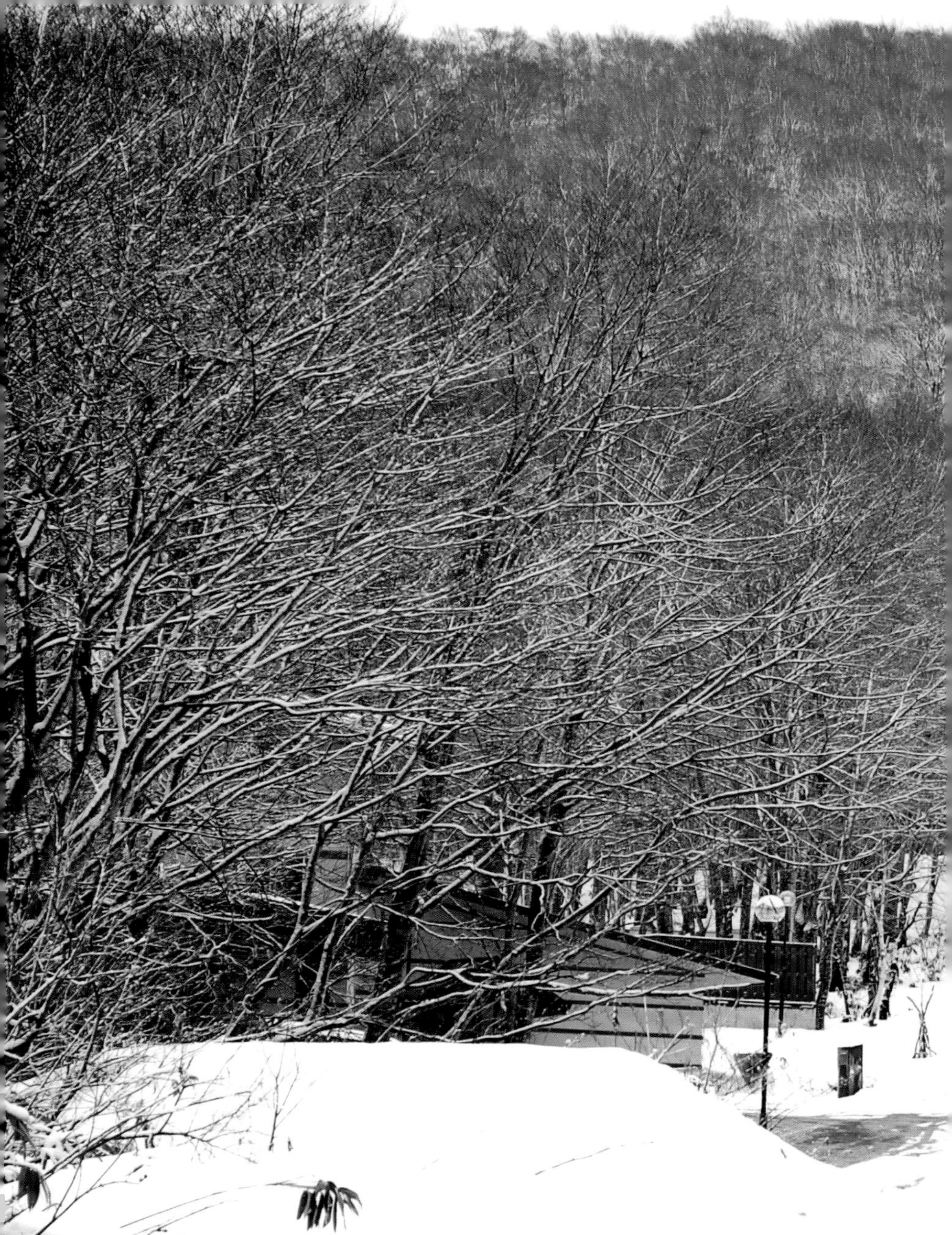

F 10 1/2500 ISO-100
最漂亮的照片，往往在車上的窗戶外出現。要抓住一剎那，在巴士上要時常手握相機，並把快門調整至最快。

釧路

交通：
火車：札幌至釧路，特急スーパーおおぞら，每2小時1班，車程約3小時40分鐘。
特別列車：SL冬之濕原號（釧路～標茶，冬季臨時觀光列車；全車指定席，須預先劃位）
釧路濕原ノロッコ号列車（釧路～釧路濕原，夏季臨時觀光列車）

鶴見台和鶴居
鶴見台交通：從釧路車站的巴士總站搭往鶴居或川湯的巴士，車程約45分鐘，在鶴見台下車。
門票：免費
鶴居交通：從釧路車站的巴士總站搭往鶴居或川湯的巴士，車程約60分鐘，在鶴居村役場前下車，徒步約一公里即可到達。
開館時間：9:30-16:30（10月1日-3月31日）
休館：星期二、星期三、假日
門票：免費

中一員。鎮上店舖關門，景點不開放，悶得發慌，度日如年！旅行如果倒運至此，沒辦法，只好留在酒店躺在床板思考人生。

儘管見識過日本大雪可怕，但我仍然喜歡選擇冬雪時節到日本。只為，她溫柔的時候，實在太美。

從釧路往川湯溫泉，會經過享負盛名的「釧路濕原」，此段路程是「SL冬之濕原號」蒸汽火車的路線。釧路濕原以野生動物棲息而著名，冬天的濕原，除了冰雪，還有不少動物。我沿途看見丹頂鶴、老鷹和在路軌旁勞動駕駛員嚮鞍趕走的鹿群。一望無際的濕地，此刻變成別致雪景。除了冰樹，還有黃色的乾草，在白色的湖泊間，襯托遠遠近近的灌木林。

我奇怪的發現，冰雪下的濕原，除了生氣盎然，原來還有不少顏色。在風雪飄搖下，冰霧仿似薄紗，把遍野妝扮得淒楚迷人。或高或低的樹林、宛延曲折的溪流、冰封不動的湖面、暗綠淺黃的乾草，在火車上每一位乘客的目光中編織著冬日彩毯，以靜默去等待春天降臨。陽光下的釧路濕原，少了一分旖旎，多了一分朝氣。白雪反照光影，一群群雀鳥，一隻隻野馬，都紛紛出動，把山嶺幽谷，變成野生動物園。

來到鶴見台，銀花影樹，但見丹頂鶴為數四五十隻，在雪地上日光浴，有的在空中翱翔，成雙成對；有些在雪地上漫步，形影不離。牠們或各自起舞，或成群交談，雖然無法縮短距離去接近牠們，但在野外看見牠們自由自在，總比在園內困著的叫人感到舒懷。

沿途漫天風雪，森林原野上的樹林，都被吹得東歪西斜，與上午平靜的景色相比，自有另一番淒美。

你曾經告訴我：當愛上一個人，就像栽進冰雪——兩個人之間，不會永遠只有溫柔相愛，更多的時候是為自己帶來不安和傷害。白雪皚皚，崇山峻嶺，大自然要把我這個南方人的心留住，就像愛情把我的心留下來。

（上）F 5.6 1/420 ISO-200
節奏與旋律是深化主題的重要環節，它們包含在線條、色彩、光線的反差與色調中。

（左）F3.5 1/30 ISO-100
在這種光線下，景物沒有明顯的反差，色調平淡而變化少。因而景物的形態、線條和質感都不太明顯。

城堡・姬路城

公主的幸福城堡

我一直迷戀城堡。和很多女生一樣，城堡的形象是歐洲森林裡高懸在岩壁上的白色巨型建築，吊門深鎖，尖塔上飛揚紅色旗幟。

後來，來到日本的城堡，才發現完全是另一碼子的事。戰國時代末，火藥武器紛紛興起。然而，保存至今的大型城堡，所剩無幾。其中，最響噹噹的，是姬路城。

藍天無雲，我氣呼呼步行到市中心的姬路城。它和其他城池最大不同的地方，在於它是一直待在這個地方，沒有遭受戰火嚴重破壞，好端端的屹立了幾百年。終於，它守得雲開見月明，得到世界文化遺產的美譽，日本有幾十個大大小小城池，要數它最有福分。不過，除了靠天命，也要講氣度。它的天守閣和周圍的城郭，完美無瑕地立在藍天之下，方圓百哩，無山無林，盡皆平房。只它一個，平地而起，在護城河包圍下，獨領風騷。

沿途而進，看見很多圓鼓鼓的大石頭，匍匐在城牆下，任人踐踏。它甘心做石梯台階，它甘心在天守閣下稱臣了四百年。它們身上經歷的，是從輝煌到沒落，是從木屐至皮鞋，是我們都沒有親身看過的歷史。它，年老了，仍然健在，多少人在

F 8 1/500 ISO-100
拍攝櫻花必須尋找乾淨的背景，較容易突顯主體。另外，可刻意加入背景有意思的畫面。背景虛化，更有幻想空間。

F4 1/250 ISO-400
開大光圈，景深收窄，突顯出我要表現的心型主題，讓人看了立即有濃厚聯想。

姬路

交通：
從關西國際機場，機場巴士車程約 2 小時 10 分鐘（1 日往返 8 次）；從神戶機場，在 Port Liner「三宮車站」換 JR 火車、搭新快速車，車程約 1 小時；從京都到 JR 姬路車站，約 1 小時 25 分鐘；從大阪約 57 分鐘；從梅田（大阪）車站到山陽電鐵姬路車站，約 1 小時 27 分鐘。

它身邊走過的時候，都只是抬頭讚賞天守閣，而沒有低頭敬畏這位歷史洪流的守門人。

進入天守閣，所有的人都要脱鞋放進膠袋，再換拖鞋，才被准入內，很有朝拜天皇前，例必繳械的感覺。奇怪的是，他們寧可花人手逐一把用過的膠袋摺疊好，給下一批訪客用，也不會用新的。如果換了在香港，哪有人會考慮到環不環保，反正買一個新膠袋比人力省錢。

從前在別的地方看城堡，沒有留意他的構造。倒是姬路城，沒有太多展品，反而叫人注意到它的內部。看到它只由東大柱和西大柱兩條木椿做主樑，撐起整座六七層高的城堡，很是詫異。除了欣賞古人智慧，還深深被他們打動。為甚麼要那麼辛苦？兩條木椿支撐一代王朝，一個藩城？兩條臂扛起一個家族，幾百年繁榮？

資料中，記載著當時建城，石材短缺，要由民間捐獻。古代日本，絕不及中國民豐物阜，一木一石，得來不易，更顯出城堡的珍貴。攀到天守閣頂層，俯瞰姬路，此刻雖然已是滿目汽車和高樓，但圍繞在城堡旁邊的，是一望空闊的平房，與四百年前沒有兩樣。思古幽情，姬路的繁盛，盡在將軍腳下。

在城堡漫遊，會奇怪為甚麼城主家徒四壁，沒有歐洲皇宮的瑰麗廳堂，又或豪華睡床？因為，從室町時代開始，「座敷」（接待禮賓的地方）和「居間」（客廳）都是除了裝飾外只有矮枱座墊，空蕩蕩的榻榻米房。座墊，就是日本人習慣「正座」的地方。據説，這種跪坐方式，也是始於室町時代。而中國古代，在漢末之前，仍是席

F 101/60 ISO-400
因為下雨，無法在戶外拍攝，於是思考一下拍攝角度，決定從天守閣上方拍攝。正因為不同角度，呈現的感覺也不同，反而令相片看起來不平凡。

地而坐。《史記》有云：坐，跪也。直至南北朝，從西域引進胡床，才逐漸演變成桌椅。

一個個空蕩蕩的榻榻米房，由紙門分隔，叫「襖」。沒有鎖，可以隨時拆下打通房間成為「大廣間」。我很喜歡趟開紙門的聲音，清脆利落，忽地眼前是另一個場景。從前看過日本電視連續劇「大奧」的人，可以在這裡靜靜想像，穿著繡金華服的亮麗公主，板直腰肢坐在自己的房間喝茶。春花秋月，她每天都在期盼要下嫁的「將軍」；出嫁之後，又要等待要臨幸的夫君。守在城堡，是女人一生的命運。這樣，是不是一種幸福？在平民的眼中，公主永遠活在幸福。有吃的、有穿的、有睡的，還有所愛的。因為，窮苦的平民，連衣食住都貧乏。但甚麼都擁有的公主，卻不快樂。因為，她吃飽睡好，想到身邊的人並不是自己所愛，甚或不愛她。

平民在城下仰望高高在上的城堡；公主在城堡奢望遙不可及的幸福。你和我的幸福，其實並不一樣。我的幸福你並不稀罕；你的幸福於我無意義。所以，別跟別人比較誰幸福。要比，還是跟自己比較，跟從前的我比較。

F 9 1/40 ISO-400

在拍攝之前，心裏要像繪畫前那樣首先「立意」，考慮照片畫面中，被攝主體安排在甚麼地方，不一定要是最大面積。然後通過光線、色彩、線條、形態等造型手段，來突出城堡。

攝影資訊

善用偏光鏡，拍攝藍天，可令人看來賞心悅目。

偏光鏡，簡稱PL，它是由許多方向一致的極小晶體構成。若在鏡頭上裝偏光鏡，有以下三個功能：

1 控制天空的色調：按個人喜好，調節藍天彩度。

2 控制物體的反光：可消除或減弱反光，以表現物體的清晰質地。例如拍攝櫥窗內的商品，或隔著水面拍水底的景物等。

3 提高彩度：代替中色濾光鏡。

神社・神道教・伊勢神宮

消失的禮節

天皇壽辰，全國放假一天。

日本還有如此一個禮數，與民同樂。天皇的生日，因為接近聖誕節，所以滔了耶穌生辰的光，到處普世歡騰。

電視中轉播他的講話，究竟日本有多少人聽到，我不知道，但身為中國人的我，對「日本天皇」這個icon，總有點看不順眼。誰説我們這一代沒有民族記憶？最少，我有。

我絕非激進反日勢力，也不是那種勢要跟「蘿蔔頭」對抗到底的人。只是，我接受不了「天皇」這兩個字。他是帝國的symbol；他的出現，也令人想到痛苦的回憶。縱使，他比現今日本國會內斂得多。

天皇有一個神宮在伊勢市。伊勢神宮享負盛名，究其原因，可能是它只有天皇可以參拜，平民禁足，是皇家神宮。

伊勢神宮面積很大，從外宮走到內宮，要五公里路。所以，我先乘巴士往內宮。天皇誕辰，很多日本人順道來參拜。很久沒有見過神社有那麼多人，加上朗日晴空，天氣和暖。

從大門走到表參道，經過石橋流水，四周是雅緻庭園。踏上百年石路，腳下沙沙作響，

F 5 1/400 ISO-500
這個小主人翁的形體語言多麼生動，可愛的手勢，還有歪起的頭，一副小孩才具有的天真神態，活靈活現。

大銀杏

頭上古木參天，一條長長的參拜路，大概旨在令遊人洗滌身心，方才可以靜心參神。來到三岔路口，眾人排隊買「御守」，好像我們到「黃大仙」上香，水洩不通。往右是神宮正宮，平民都只能在帳布外邊看林內的神社，向天神祝禱。

往回走向岔口左邊，是參拜者休憩所。人們除了可以在內堂坐下稍事休息，還有免費茶水招待。我很欣賞這種眾人聚首一堂，卻又不喧鬧，只是靜賞手中一杯綠茶香。

出內宮，是表參橫丁。這裡兩旁盡是老房子，更有些百年老舖，賣茶賣草餅賣魚乾賣串燒。有架起檔子的叫嚣，也有商店大開中門拉客。一時間，剛才的清靜一掃而空，街上聚集遊人過百，上演著昔日的廟會風華。

乘巴士回到火車站，再步行七分鐘左右便到達外宮。外宮比內宮安靜。沒有日式庭院，卻有表參道、風宮、工宮、多賀宮和正宮；和內宮布局，幾乎同出一轍。只是，不及它的佔地面積而已。

無論外宮內宮，都貫徹樸實無華的氣質。難怪，整個伊勢市，都洋溢著一種淡淡的靈性，令人煩悶盡消，寧神養氣。幾百年來，它都為天皇而活，為神宮而存。

我在意的，不是在神社看到的神，而是神社的另一個風景—穿著和服的女生來參拜。和服，在日文稱「吳服」，原意指中國在三國時代從吳國傳入日本的紡織法所成布匹，後來泛指所有布匹衣料。

F 6.3 1/640 ISO-200
頂光不帶陰影，反而予人寂靜祥和，簡潔的色調和神社幾條橫線構圖，營造出淡淡幽幽的意境。

攝影資訊

我們拍攝照片，如何去表現景物的特點、氣派呢？關鍵是在於前景、中景和遠景的運用。

前景：如果要表現畫面上的透視和立體感，前景是非常重要的。如果是早晨、晚霞或是陰天，背景淺色，而前景色調則較深；但如果陽光普照，便形成背景深色而前景淺色。在風光照片加上前景，有助加強表現力。

中景：一張照片的主體，通常都是放在前景與中景之間。中景是色調變化的中心地區，運用前景和遠景作陪襯，能表達主題思想。但要注意：主體位置亦不能過於正中，否則像被四面景物重重包圍，致侷促不安，缺乏生氣。

遠景：遠景之作用是將景物擴展開去，以烘托意境，加強美感，給予人們想像空間。

F 5.6 1/250 ISO-100
背景太雜亂的話，照片就無法突顯主題，所以請保持畫面簡潔乾淨。

伊勢

交通：

JR特惠車票

從名古屋出發，JR火車車程1小時30分鐘，車費¥2450，每小時1班。

如果用「名古屋↓↑伊勢」回數券，兩人4張票，剛好用作來回。¥4800四張回數券，有效期1個月。如此這般，¥1200一程，比原價省回¥1250。

購票地點：名古屋市火車站售票中心

前往伊勢神宮

從伊勢市站步行約7分鐘可抵達外宮。外宮和內宮之間有5公里路程，可選擇徒步和利用循環路線巴士。

作為遊客的我，最喜歡入住日式旅館，穿著他們所提供的「浴衣」。其實，這是其中一種和服款式，屬夏季服，穿法簡單。但問題來了，究竟是先疊左還是先疊右？我在溫泉很留心地看日本人穿浴衣的方法，發現無論男女，都是先把右手衣領貼在身上，再覆上左手衣領。後來我再細心翻查日本書籍，得知自七一九年起，日本朝廷下令一律要把和服穿成「右前」。所謂「右前」，是因為從外觀人的角度，右領在左領前面。如果穿反了便會招霉運。據説，這種穿法是中國大唐時傳進日本的。諷刺的是，中國的漢服，卻沒有流傳下來。

漢服是漢民族的傳統服飾，根據《史記》記載，華夏衣裳為黃帝所制，後至夏、商及周，衣服漸漸成了禮儀的表現形式。漢民族服裝經歷幾千年一直傳承下來，每個時代會有不同的特色加入，直至明朝滅亡（一六四四年），後有滿州人入侵建立滿清政權，下令漢族男性必須「剃髮易服」。中國的禮樂制度自始崩潰，漢服從此絕跡。

現代日本人，會在幾種隆重場合穿著和服，除了結婚喪禮，還有七五三祭和成年祭，前者為三歲五歲七歲兒童節；後者則是市政府在每年一月為年滿二十歲國民舉辦的成年禮。穿著和服的年輕少男少女，除了參加典禮，也會到神社參拜。成年禮是從中國傳入日本，意味成年要履行一定程度的社會責任。

每次我看到日本人穿著漂亮古裝，驕傲地大踏步走在街上，引來旁人讚賞目光，便希望—終有一天我也可以和新知舊友穿著漢服，上街慶生。

F 5.6 1/30 ISO-1000
要能夠在眾多人群中，抓住非常特殊的人物來表現一個群體和事件的內涵 ，突出畫面的縱深感，才可表現場面的氣勢宏大。

尋找芭蕉

天地•大自然•日本東北

村上春樹寫過：「我覺得在日本的話，說不定我會在忙於應付日常雜事中，拖拖拉拉沒甚麼作為地一年過一年。而且，我覺得在那之間將失去甚麼。」

想起來，我們每天總是多麼慌亂，像一潭水，老是在攪動，無法清純、無以沉澱，只是——一片混濁。要結束這種混濁，老子教我們唯一的辦法是：「孰能濁以止？靜之徐清。」要心境清靜，單是閉門謝客，拔掉電話，不過是阻擋外在噪音。村上春樹在日本，也不能平靜心境，好好寫作。究其原因，是要遠離那些引起我們巨大反應的事情，醇化感情，以求真正寧靜。

在日本旅行，好處是明明身處不同城市，但建築規劃總是如出一轍。於是，我不用站在巴士站，思考如何買票搭公車；也不用擔心在車站前找不到旅遊諮詢中心和商務酒店。不同的縣城，設計相近，但各具地方特色。即使在陌生國度，心情得以平靜安泰，單純讓腦筋思考，五感放鬆。

這時，你會發現，日本人總是循規蹈矩，和極之安靜。每個人都默認和依循共同法則，不隨便過馬路不胡亂吐痰，社會上自然少有紛亂；紛亂少了，爭拗少了，

F 2.8 1/60 ISO-400
拍攝小品，不是單純放好位置便行。每個物件都有它的含意，不妨思考在這個畫面中需要用哪些物件哪個角度，去表達你想呈現的感覺。

噪音自然也少了。沒有孩童尖叫、沒有汽車響鞍、沒有潑婦謾罵；空氣中只有淺淺笑聲和喁喁細語。作為旅客，就輕易敞開心窗去感受散步時所見。作為作家，就可以全情投入尋找寫作靈感。

因此，在日本孕育的文學家，都不是烈烈揚揚，而是用淡淡的筆墨，像輕輕細語，感動幾百年的後人。

松尾芭蕉先生生於一六四四年，被認為是日本最偉大的詩人，就有如我們的詩聖杜甫。他的第一首十七言詩：在枯萎的枝椏間，孤鴉棲息；是秋天的黃昏。俳句是日本的獨有文體，與詩賦相近，皆是以清逸的文字描寫情感，以日本語的五十七音的形態為創作規則。詩文多愁善感，難以想像，他是一位武士。

他也是一位「旅行作家」，第一次旅行在日本東北，寫下《奧之細道》，被公認是日本文學中最美麗的作品。「奧」是指「陸之奧」，也就是指日本東北地方。「細道」，一如其字面上的意思，指細小的道路。當時，他所走的山路又窄又偏僻，幾乎是不存在。所以，他一度以為，自己走到世界的盡頭。所謂「奧之細道」(Okunohosomichi)，其實是一六九四年日本名俳句大師松尾芭蕉先生所創作的紀行文書名。

話說一六八九年五月十六日，四十六歲的芭蕉先生與弟子曾良從東京出發去徒步旅行，經過日本今日的櫞木縣、福島縣、宮城縣，上到岩手縣南部，再向西往山形縣，隨後經秋田縣南部，沿著日本海通過新潟縣、富山縣、石川縣、福井縣、滋賀縣，到達岐阜縣。整個行程花了五個月，約走了兩千四百公里，旅程結束後，芭蕉先生在五十一歲去世前，經過多次推敲，終於完成了《奧之細道》這部遊記。

芭蕉先生所生長的時代，雖說日本全國街道和宿泊點已整備，但以徒步為主的旅行，仍舊充滿許多不定數與苦難。東北地區，一直被認為是遙遠和充滿傳奇的地方。這裡的群山既大且具壓迫感，氣候四季分明，初冬至晚春都不宜居住，造就神秘浪漫。芭蕉先生提出枯淡、閑寂、輕妙等美學概念，融匯人生即旅、諸行無常的存在哲學。

如果問我，在日本眾多地區，最喜歡哪片土地？毫無疑問，隨文神遊於松尾芭蕉先生經典旅途中，我會選擇寧靜的東北。或許對我來說，再沒那麼容易像四百年前的芭蕉先生一樣發現自我。但對一顆願意探索和追求寧靜的心來說，偏遠鄉間，才是極樂境界。

F 4.5 1/160 ISO-400
雪地反光，用遮光罩，能有效阻擋多餘的光線，拍攝的照片便有更豐富的色彩和更深入的飽和度。

奧之細道

芭蕉先生對日本三大景之一「松島」極之推崇，奠定東北自然風光在日本人眼中不可取代的超然地位。

仙台交通：

從東京出發，車程 1 小時 48 分鐘，每 15 分鐘一班。

松島交通：

從仙台火車站往松島海岸火車站，仙石線往石卷方向，車程 25 分鐘，每半小時一班。

松島海岸，面積不大，遊客可安步當車。另有松島環島遊船，收費：¥1400（如要登上上層座位，需額外補¥600），出船時間：9:00-16:00，每小時一班，船程 50 分鐘（從火車站步行 10 分鐘可達松島海岸碼頭）

芭蕉先生的詩碑

雄島，在火車站附近的小島，是松島地名的發祥地。它以「渡月橋」和本島相連，有芭蕉先生的詩碑。

收費：免費

交通：從火車站向碼頭反方向步行 5 分鐘

攝影資訊

日出日落，是旅遊攝影愛好者必不可少的題材。這時，太陽光線角度低，光質柔和並且呈現出暖色調，整個畫面充滿著誘人的魅力，是攝影最佳時機。拍攝日出日落，首先要把握好太陽升起落下的時機，以及具體的位置，不同的季節，有不同的時間和位置。當太陽完全升起後不久，光線由紅轉白，原本的光影氛圍亦隨之消失。所以，拍攝日出日落一定要在太陽剛剛升起，或即將落下一刻，按下快門。

JR 東日本鐵路周遊券（東北地區）

最適合前往青森、仙台、日光的旅客使用！不限次數乘坐區域內的新幹線、特快列車等普通車廂的指定座席。

期間自售票日起的 14 天內任選 5 天使用

費用日本售價：大人¥20000，兒童¥10000

海外售價：大人¥19000，兒童¥ 9500）

（上）F 111/125 ISO-100
火紅的楓葉，攀附藍天，空間留白，讓思緒伸延。

（下）F 7.11/200 ISO-200
如果天際有較低的雲層，紅日往往被遮住，但雲層間常會出現絢爛的彩霞。

煙雨濛濛

廣島

我和很多人一樣，極力避免接觸戰爭遺禍，害怕那份大悲大切的沉痛。可是，既然來到廣島，造訪平和紀念公園，成為此行首要去處。

在原爆中心點附近，一座圓頂建築物沒有倒下，剩餘空框敗瓦，儼如老人在哭訴當年慘況。突然，聯想起宮崎駿電影《天空之城》內的廢堡，頗有異曲同工之象。一九四五年八月六日，美軍在廣島投下第一枚原子彈，摧毀數十萬人性命及家園，同時結束了日軍在全世界各地的肆意侵略。

戰事連綿，原爆孰對孰錯，世人難定。當年，廣島乃軍事重地，所有海軍陸軍的集中要塞，理所當然成為美軍轟炸目標。今天，日本人不能怪責美國，只好將一切禍害鐵證訴諸外界。他們將埋怨說成：「美國沒有事先通知居民疏散。」誠然，政府發動戰禍，受罪的卻是國民，千百年如是。

最難過是當我看見紀念館內那塊有橢圓形陰影的大理石，心痛得撕裂。那一年那一天，就在死亡一刻之前，有個日本市民蹲坐在銀行門前石級，等候辦公時間來臨。誰料，等不到銀行營業，卻換來死神呼召。原爆熱力令石塊也變色，只有人體下的

廣島宮島

廣島交通：
從東京前往廣島的新幹線列車，5小時可達。

宮島交通：
從廣島市出發，有多種公共交通前往；

1 乘搭JR，只需26分鐘便可抵達宮島口，每6至30分鐘一班，收費￥400；

2 乘火車往宮島口，需時60分鐘，收費￥270；

3 從宇品港出發的渡輪，可直接抵達宮島，只需23分鐘，但收費￥1460，並需預訂。

一小塊，保留原狀。

當下明白，我們是沒經歷過戰爭的一代，不能只顧沉溺幸福之內。我們應該親身去看去聽去感受去反思，才可真正領會和平的重要。

平和紀念公園內，有一個千紙鶴紀念碑；平和紀念資料館內，亦有堆滿排山倒海的紙鶴存放處。這裡關係著一個傷心的故事。

原爆之時，很多小孩子都受了輻射影響，卻沒有即時發病。十年後，有位只有十二歲的女孩子病源發作，非常痛苦。在住院期間，她深信古老傳説，只要摺好一千隻紙鶴，便能不藥而癒。

攝影資訊

日落餘暉，往往是攝影者最盼望的彩華。它是最不可估量、最不能捕捉的。光線因為雲層厚薄、濕氣輕重，還有折射角度，而產生出不同的色彩。

由於日落是逆光，所以在山區前景無水面反光拍攝日出日落時，攝影者要注意天與地的反差過大，即天空的曝光足夠，而大地曝光不足，表現不出畫面暗部細節，這時候最好在鏡頭前裝上灰色漸變鏡，平衡畫面上部和下部過大的反差，並加大一級曝光量。

然而，當她摺完第一千隻紙鶴之日，亦是她與世長辭之時。一九五八年，日本各地兒童捐獻建成紀念碑，並送上數以萬計的紙鶴。每一串紙鶴都有一千隻，代表著一串一串的孩子夢。他們除了完成小女孩的心願，更表達出對世界和平的嚮往和期盼。

曾經有人推斷，原爆七十五年後，廣島寸草不生；結果，日本人憑著決心和毅力去推翻此論。五十多年後的今日，廣島成為一個沿海的先進城市，規劃井然，電車道貫穿大街要道，紙屋町、八丁崛及車站前地段盛極繁華。大抵每個人心底裡原是希望和平，但當有人獲得了權力和財富後，便利慾熏心。可悲的是，這些人又往往都是當權者，只記掛著私人利益，罔顧國民安全，把上位時向子民承諾的美好生活，統統忘記。

也許，利義真箇兩難存！

自覺人類卑劣，即便是下雨天，也要去宮島洗滌心靈。宮島有日本三大景之一的大鳥居、被列入世界文化遺產的嚴島神社和富有神秘色彩的彌山原始森林。由廣島前往宮島並不困難，火車加上渡海船，不足四十分鐘光景。步出火車站，眼前儼如歐洲度假小鎮，四周盡是綠林，迎面而來的是一頭梅花鹿。

從碼頭往鳥居，必須經過表參道商店街。沿途皆是木屋小舍，還以為自己置身江戶時代，就差沒看見手執日本刀武士從瓦頂縱身而下，站在跟前……

表參道的小店，商品琳瑯滿目，令遊人不禁頻頻駐足。一條只有百多米的小巷，走了很久也走不完。

煙雨迷濛下，大鳥居更添淒美。逐浪的海鳥來回飛翔，血紅的鳥居屹立在風急浪濤之上。正值潮退，走到沙灘，親近一下這個被列作「日本三大景之一」的名勝。木椿牢牢地插在地上，百年不倒，據説曾有六個炸彈在附近爆炸，也不能動它分毫。

信步可達的嚴島神社，奇妙處在於築在海邊，底部有浪花沖刷，彷彿是懸於海天之間的一隅。神社有紅色迴廊，穿梭在楓林和淨水之間，加上那奪目誇張的建築結構，使遊人樂而忘返。走出堤岸，面前巨浪滔天，身後神社，恬靜無憂，再放眼不倒的大鳥居，三者互相抗衡又是互相依賴，那種大自然的微妙，盡在其中。泥濘濕漉，好不容易，苦撐著雨傘，來到紅葉谷。可惜未見深秋，沒有濃得化不開的紅，只見孤獨棧橋在一抹殘綠之中。

由原路折返，右拐上山。半山上，有一清幽古寺，名「千疊閣」。起初不明何意；滂沱大雨下走進這木寺院，在瓦頂下看見了千疊美景！放目彌山，只見古木參天，黃葉層疊，在雲霧之間，乍現那淡妝素面。殿堂內靜穆嚴肅，沒有雜音，沒有雜念。我和三位有緣人都迷倒此間，他們分別掏出畫具，盡力留住凡塵淨土的片刻淒美。寺院旁的五層塔聳立在山丘上，很紅很紅，為四周的淡泊平添一分奪目，紅得令人心動。

雨中乘渡輪離開。回頭看見宮島被雲霧圍抱著，乍隱乍現，感覺不像是離開一個小島，卻是告別一個夢。

溫泉 • 草津 • 銀山 • 九洲

溫泉故事

我每年最少到日本一次，其中一個原因，是泡溫泉。想起讀過：京都相國奇師僧萬里集九，和江戶幕府儒學家林羅山，分別在他們的著作中表示，在日本全國溫泉中，唯草津、下呂、有馬三地首推。日本三大名泉，歷史相當悠久，有岐阜縣下呂溫泉、群馬縣的草津與兵庫縣的有馬。三大名泉坐落在群山懷抱中的溫泉老街，漫步其中，樂不思蜀。

有馬和下呂，我都去過。因為開發得早，感覺是個「溫泉城」，不是村鎮。泡溫泉，一旦太多酒店太多遊客，便會落俗，欠缺清幽尋秘。這次來草津，驚奇地發現，這個自一一八八年開發的名泉區，人是多，但仍不失清幽。究其原因，可能是因為草津位於山谷，仁者樂山，在群山之中，感覺恬靜脱世。

我在草津口火車站，看到全國一百名溫泉海報。這是由日本旅遊專業報紙《週刊觀光經濟新聞》主辦的日本溫泉一百選及人氣旅館酒店二百五十選，每年由各大旅行社、鐵路公司和航空公司等投票，選出日本最具人氣的溫泉及旅館酒店。最佳溫泉結果，首推草津。

雖然溫泉街滿是遊人，但山谷都是旅館和木屋，不太感到壓迫感。四周都是溫泉老舖，和尋

男湯
女湯
LADIES

找悠閒的城市人。

「湯畑」是最多人聚集的地方，這裡冒出大量泉水，白煙裊裊，琉璜味淡淡在空氣中飄轉，溫熱的乳白泉水，因為陽光折射而變成靛青色，令人望而溫暖，觸手細滑。草津溫泉區共有百多個泉水出口位，每分鐘總泉水湧出量高達三萬二千公升；而湯畑每分鐘的泉水湧出量更超過四千公升，水溫高達攝氏九十五度，但當泉水流進特製的木水管後，溫度會自然降至攝氏四十度至五十度，並輸送到區內各溫泉和酒店。

不過，在古時沒有特製水管，超高溫度的泉水不能直接浸泡；但加冷水又會令泉水失去原有天然泉質，怎辦？當地人便想出一種神奇方法：以木槳攪拌泉水來降溫。時至今日，這種「揉湯」技術，已變成草津傳統舞蹈表演。只要到「熱之湯」，便看到一個個穿著傳統服裝的女人，排列整齊，把水揉混，減低溫度，一邊跳舞，一邊唱歌，自是一番體驗。

我把附近的光泉寺、白根神社和大大小小足湯手湯都看過。最後，來到白根山下的西之河原公園，它的奇妙之處，

不在有稻荷神社，不在有露天溫泉場，而是一個個泉池星羅棋布。沿河而行，才驚覺那不是小河，而是溫泉河，如湧泉如瀑布如流溪。白色青色一個個在沼地冒煙，蔚為奇觀！

另一個我非常喜歡的溫泉，是在日本東北。

在山形縣尾花澤市內，有一座溪谷，成排的三四層樓木結構的旅館，氣氛寧靜，宛如世外桃源。一到冬天，這裡的旅館幾乎晚晚客滿。千里迢迢，為的是一個藏在山谷裡的大正時代。古樸建築與皚皚白雪，交織成浪漫場景，令它成為現時日本人最流行的度假熱點。

抵達銀山溫泉是傍晚六時半，由於冬天日長夜短，四周已經沒入漆黑。巴士總站立在路邊，仗著白雪反照街燈，走下斜坡，來到谷底小鎮，我的腳步停了，眼睛定了，心神呆了。溫泉街上的路燈和旅館外牆上的射燈光燦燦的，把本來淡白素黑的旅館映照得通明，再加上木屋飛簷和後山積雪，整條溫泉街仿如宮崎駿動畫裡的迷離國度，觸動心靈。

五百多年前這裡發現了銀礦，所以這座溫泉村取名為「銀山」。由於這裡古色古香的建築，人們來到這裡總會產生一種錯覺，以為到了拍攝日本古代戲的電影村。其實，NHK電視連續劇《阿信》中，阿信跟母親相遇的一幕就是在這裡的「能登屋」做為場景。溫泉街上有不少老舖，還能欣賞到叫做「上田燒」的瓷器，在當地可是被稱作「魔幻瓷器」的呢！上田燒是用銀山溫泉獨有的銀山陶土燒製而成的，據說從一八三一年起只製作了十年，八十年代又重新開始製作。

銀山溫泉雖小，人情味卻熱呼呼。我住的旅館「やなだ屋」外形雖平平無奇，門面不夠人家堂皇，樓層不及別處寬敞；但才敞開木門跨進門檻，一臉耿直帶著幾分稚氣的年青男人，迎上前來，熱情招待。沒想到他是這間小旅館的主人——梁田淑浩。梁田先生說話不多，但率性的表情反而叫背負整天舟車勞累的我舒心。房間不是很大，卻寬敞舒適；安頓之後，他安排晚膳。

日式旅館的餐膳多數在自己的房間進食，送餐的婆婆有一個少女的名字——春子。她對香港來的我十分好奇，明知我不懂日語，仍然堅持與含著半口飯的我寒暄。我們寫漢字溝通，她告訴我，飯菜都是梁田先生親手烹調的，連所用食材亦是他每天大清早駕車半小時往市鎮採購的。

晚飯菜式一道接一道，從前菜、火煱、刺生拼盤、燒魚等等，到後來的白飯、手打蕎麥麵、生果……吃一頓飯足足花了一小時多。最妙是一杯紅酒，不多不少，剛好令客人暖身禦寒。

我和其他旅館的客人一樣，飲飽喝醉便往街上跑。屋外雖然橫風橫雪，但不減旅客熱情。不太寬的河谷，剛好撐起幾條小橋，腳下流水淙淙，成為銀山谷唯一的音樂。偶有劈拍巨響，是樑上積雪落下，嚇著了途人，又驚破思緒。要不是如此一落，還真以為穿過了時光隧道，回到一百年前的大正時代。

湯元館

站立於寒夜冷風中太久，實在太不智，於是只好回到房間；卻又忍不住敞開木窗窺望。風聲蕭瑟，冷霜撲面，但暈黃街燈，映襯銀雪片片，令人難分難捨。即使你甚麼也不做，遙看街景任憑思緒放飛，聽著木屐聲叮叮踩在青石板路，絕對是一件難忘事。遠山、流水、小橋，百年歷史風華，隨著山間四時變化，沉澱出一幅絕美的景觀。

然而，即使浸泡多少溫泉，人生第一次到訪熱騰騰的溫泉鄉，還是最令人無法忘懷。到今天，我還記得，站在別府車站月台，耳邊總聽到「BEPPU—BEPPU—」。

別府，在大分縣中部，鄰接別府灣，背靠鶴見嶽火山群，面向大海，到處都有溫泉湧冒，是日本溫泉流量最高的地方。最有趣的是，即使你不泡溫泉，漫步在市街之內，見從地下水道升起的裊裊白煙；又或去看看別府八地獄，也別有一番樂趣。

別府八地獄，都是大大的溫泉池。當中，以海地獄為首。興高采烈衝入溫泉區，先入眼簾的，竟是大片荷花池！在溫泉旁邊種荷花？走到後面的溫泉池，只見裊裊輕煙從碧綠藍色的池面上升，襯上旁邊紅色鳥居，相映成一幅絕妙日式庭園彩圖。至於山地獄，其實是一個動植物園。在溫泉旁邊，養有孔雀、紅鶴，還有河馬和大象！這裡的泉水，溫度是九十五度，因此，遠遠從石間，已看見白煙裊裊。日本人就是利用地熱，養育世界其他地方的動物，供遊人觀賞。

而灶地獄的命名，是由於古時八幡宮春秋二祭時，都用熱蒸氣作煮食用途。內

日観連

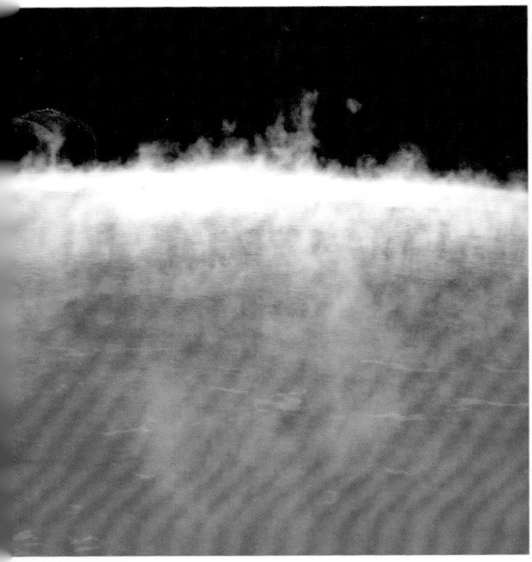

二丁目
かまど地獄
100℃
構内
立入禁止
地

有三個泥漿池，只要靠近點火，就會激起水泡；另外，有個一百度泉口和兩個綠池。園內這六個池，分別用「丁目」來識別。

當中最有名的，是五丁目。它是一個很大的溫泉池，一年中會有數次變色，現在是碧綠色，但數月前可能是海藍色，非常有趣。池邊有售小糕點，其中的棕色蕃薯餅，至今仍然回味！

我嫌之前的溫泉太熱鬧，白池地獄才是流連忘返的樂土。碧空如洗，池水粉藍中混著奶白，襯上藍天，竟成絕配。四周寧靜，景色怡人。後面的鬼山地獄，最嚇人的並非九十八度溫泉水，而是飼養著一百五十頭鱷魚！看牠們張牙舞爪，在潭中踱步，樣子兇殘！還有金龍地獄，是一個放滿塑像的地方，龍像栩栩如生，口中噴出足有一百零二度高溫的白煙。還有血池地獄，池水由於含鐵質，呈血紅色，極其獨特。但見煙霧從血潭中冒升，感覺詭異。旁邊有足湯，像血水一樣的小水槽，免費供遊人浸泡雙腳。最後的龍卷地獄，是一個間歇泉。它的構成，是由於地府下有空隙，積存蒸氣，當再沒有多餘空間，能量到達頂點，就會一湧噴出，連帶在上面流經的地下水一同湧上地面。眼前原本平平無奇的池水，平地一聲雷，忽然一柱擎天，直衝雲霄。五分鐘後，又突然停止了。它的存在，彷彿是為了要在有意無意間嚇你一跳。

本家
ちちや
居酒屋
お食事

草津溫泉

交通：

從東京乘 JR 長野新幹線至輕井澤站下車，車程約 1 小時 15 分鐘；再於站內乘開往草津溫泉的草輕交通巴士，於總站下車，車程約 1 小時 30 分鐘。

或從上野乘坐 JR 新特急草津，到長野原草津口車站，車程約 2 小時 30 分鐘；再乘坐巴士從長野原草津口車站到草津溫泉車程約 30 分鐘。

揉湯表演

地點：草津溫泉　熱之湯　　票價：成人¥500（約 HK$42）小童¥250（約 HK$21）

表演時間：冬季期間每日只演 10:00、10:30 及 11:00 三場

網址：http://kusatsu-onsen.ne.jp

銀山溫泉

交通：

乘坐 JR 東北新幹線、山形新幹線從東京車站到大石田車站需時約 3 小時 2 分鐘。然後轉乘到銀山溫泉的巴士，到銀山溫泉需時約 40 分鐘，車費¥690。每天只得數班，開出時間為 09:55、12:35、14:05、15:52、17:50，回程時間為 08:30、10:35、13:25、14:55、16:35、18:38。（部分旅館可預約到火車站接載）

住宿：

「やなだ屋」一泊二食（住宿包早晚 2 餐）每人每晚¥10000。

電話：（81）0237 28 2030　傳真：（81）0237 28 2071

網址：www.ginzanonsen.jp

別府溫泉

市內交通，以巴士為主。這是在車站西口的巴士站，可乘搭巴士往「別府八地獄」，車程半小時，收費¥350。

八十歲再談一場初戀

藏王溫泉・阿信的故事

二零一八年是日本的「災難之夏」，六月大阪發生六點一級地震；七月西日本豪雨成災，造成道路灌水、泥石流、河流氾濫等嚴重災情，逾一百七十人死亡；接著西日本又遭熱浪侵襲，逾百人死亡；九月颱風「燕子」重創關西，機場關閉三天；兩天後北海道再發生六點七級的地震，首次全域停電，三百四十九間醫院受到影響，三萬戶停水。陸空交通癱瘓，物流中斷、通訊受阻，連證交所亦停止交易，金融命脈中斷。豐田汽車、汽車零件廠DENSO、京瓷、明治、森永乳業、朝日、麒麟與札幌啤酒等等，全部停工，暫停出貨，全國經濟損失慘重。

近年，天氣反常，嚴峻突發自然災害頻生，熱浪、水災、颱風、地震，影響的並非一時三刻，而整個自然循環。我們習慣秋狩紅葉春拾櫻，今年只怕冬不成冬，四季再不分明。開花時間不同了，溶雪時間提早了，影響我們的旅程。為什麼非要到暴雨成災，航班延誤，白送了一個假期，才懂得氣候不斷在變化的逼切？

在花季無花冬無雪之前，我總是在冬天去看冰。東北，是一個好去處。當夜幕低垂，幻彩投影燈照射在樹冰上，如人間仙境。藏王樹冰是在冬天造訪藏王時，絕對

F1.9 1/1189/ISO-40

山寺

山寺是公元 860 年，由慈覺大師・圓仁開基的天台宗古剎，正式名稱為「寶珠山立石寺」，是東北地區的代表性神山，信眾廣大。從登山口到奥之院共有 1,015 級石階。到達石階終點的「五大堂」之後，能眺望山寺獨一無二的景緻，令人忘卻疲憊。

開山時間：8:00 至 17:00（全年）

入山費用：￥300 日圓

交通指南：從 JR 山形站搭乘「仙山線」約需 20 分鐘，至「山寺駅」下車

不能錯過的自然奇觀，亦是山形縣冬季最特殊的盛景。

走進雪季期間的藏王溫泉鄉，厚厚積雪覆蓋下的溫泉旅館、溫泉街、溫泉神社，以及飄散在空氣中的硫磺氣味，洋溢著溫泉鄉氣息。隨著雪花紛飛，到一、二月間，山頂蒼松便完全被厚厚白雪包裹，像是一個個矗立在冰原上的雪怪，蔚為奇觀，日本人都將「藏王樹冰」視為國寶。在日本東北，共有三個地方可以看到樹冰，其中，藏王冰原區擁有最佳條件，因此最具規模。我起初不明白，樹冰奇景何以罕見？根據研究，這是由於日本東北特殊地形和氣候所造成。從日本海吹來的溫暖水氣，先在樹梢結成霧冰，接著連大樹也凝結，到濃冬氣溫低至零下攝氏十度、風速達每秒十至十五公尺，強風颳起地面積雪，造就龐大的樹冰。

我來的時候，剛好是「藏王樹冰祭」，山頂上有投影燈照射，更增添樹冰雄偉和詭異。向晚，在纜車裡，氣象萬千的樹冰群就在腳下，視野遼闊，我彷彿進入夢幻的冰雪國度。然而，才走出車站，山頂的冷風颼颼，像四面楚歌。我還是選擇，留在車站的餐廳裡。

有時候，冬日的冷峰，就如失意時的刀鋒，想起也感到煎熬。我希望得到什麼？我只想被抱著，尋求一種安全感，一種有人靠著的感覺。難過的時候，他只要耐心聽我講完，耐心地等待我的沉默和傾訴，沒有不耐煩，沒有急切想方法，只是讓我感覺他，安靜地陪伴，一直關注著我，就是世上最好的安慰，一種無聲勝有聲的依靠。

樹冰大概就是給了蒼松最好的擁抱，在冬天過去之前，默默守候。

說到山形縣，我最早接觸這地名，是因為《阿信的故事》。七歲的阿信生於山形縣一個貧農家庭，一家十口山窮水盡，父親決定提早送阿信去打工換取米糧，懷孕的母親阿藤萬般不捨，跳進冰冷的河水中打掉胎兒，阿信只好強忍淚水，告別家人。童年的她，面對女管家欺凌和刻薄，都千方百計捱過；可是，被誣陷偷錢，卻令阿信一氣之下出走。在大風雪中迷途，獲逃兵救回一命，帶到山上。他教她讀書寫字、算術，啟發了阿信的人生。《阿信的故事》於一九八三年日本首播，被翻譯成二十多國語言在世界各地放映。故事雖然虛構，但她的一生相當於日本經濟發展史縮影，見證了從明治、大正到昭和，三個時代的文明演進。

如果想感受《阿信的故事》的苦寒，非要在冬天去山寺一趟。立石寺的根本中堂是上山的必經之路，清和年間（八六零），慈覺大師要求開山開寺，據說，根本中堂是日本最古老山毛櫸木結構，形狀保存完好。在大殿裡，有一個木製的藥師如來像，坐姿獨特，曾被織田信長燒毀，如今，這大型建築是國家指定重要文化財產。和它相對的，是立石寺。元祿二年（一六八九年）松尾芭蕉旅途中曾到訪，吟詠俳句，銘刻於參道之句碑上，意譯為：「山林幽靜最，蟬鳴浸滲岩石裡」。

我來到山門，見右側的寺廟是常行念佛堂，左側是在鎌倉時期建造的登山路，通往大佛殿的奧之院，石階超過一千級。山寺有眾多寺堂，雪國的大風雪把上山的路，用冰封死。要參拜，必須小心翼翼，在又滑又硬的雪冰上爬行，手足並用。

登山後，第一間看見的是姥堂。這座寺廟供奉的是一尊穿長袍石像。古時，人們從這裡開始登山參拜，用側面的岩石水清理身心，換上新衣服，並將舊衣服獻給姥堂。通過攀爬每一個石級，我們將消除慾望和罪孽，成為一個光明的人。過百丈岩，有四寸道。所謂四寸道，是一種傳統的訓練方式。當年，石階最狹窄的地方只有約十四厘米，慈覺大師小心翼翼踩著山徑來來回回。這裡，更可以遠眺五大堂在石壁之上。

這裡有彌陀洞，穿過岩石直立，有阿彌陀如來的形象，據說在佛陀的外觀中可以看到幸福。旁邊是仁王門，嘉永元年（一八四八年）復修，左右兩側有仁王尊像的雕像。再沿路上山，山內支院有：華藏院、中性院、金乘院、性相院等。直到江戶時代之前，這裡仍有十二個支院，常年駐集許多僧侶修學。現在，只剩下這幾個寺院。

最高處是奧之院的大佛殿，慈覺大師當年參考在中國寺廟，進行修建。在大佛殿的左側，供奉著一座五米高的金色阿彌陀佛像。至於開山堂，有大師的木製雕像，早晚貢香。在左邊的岩石上，有小紅廳叫納経堂，是山中最古老的建築。

看著漫山只有黑色和白色的山寺，像古詩中的水墨世界。籠罩在白雪中的眾山，像是雪國桃花源，美得好不真實。千挑萬選，想找一份真愛？誰不知，戀愛不是籌算得來。

自問是一個凡事喜歡計劃的人，但我半生戀愛，卻從未想過要去「計劃」。我們帶著面具在職場打拼，如履薄冰，若在最愛的人面前還要繼續綳緊神經，滿腹謀策不停對奕，實在太苦。戀愛，最高境界就是放鬆。相處的快樂，簡單如：同吃一個菠蘿包，分享一首歌曲，隨心説出夢想。他會告訴妳，和自己在一起是最開心最無壓力的時候。

每次收到自己的問候短訊，並未感到受監視，因而格外窩心不停微笑。兩人總是時時刻刻掛念對方，看見對方傳來相片，會心跳會開心。這種經歷，可是似曾相識？對，正是初戀的感覺。初戀的美好，不是因為彼此年輕，而是兩人之間只是單純戀愛，當中沒有「hidden agenda」。

然而，誰説我們現在不可以談一場簡單又美好的戀愛？愈是成熟，愈是懂得去保護一段戀愛的長久熱度。不想白頭到老？兩個人在一起如果快樂，自然可以永結同心。

人生不是所有東西都可以計劃得來，要發生的自然會發生，八十歲一樣可以再談一場初戀。

藏王

藏王山，是日本奧羽山脈的一個部分，位於宮城縣和山形縣兩縣南部的縣境處。主峰熊野岳（標高 1,841 公尺）位於山形縣一側；藏王連峰則是活火山群。山麓上有滑雪場，也有很多溫泉。藏王一年四季風景都十分漂亮，而冬季的藏王更是是滑雪天堂。
交通：從 JR 山形站搭往「藏王溫泉」方向的巴士，約 40 分就可到達。

藏王樹冰

在冬季從 12 月末~2 月左右，隨著寒冷的季風，吹覆蓋在樹上凝結所形成的樹冰，在旅遊旺季的夜晚，山頂上將有投影燈的照射，更添樹冰雄偉景觀。

觀賞樹冰方法：

1. 乘坐纜車

藏王纜車能俯瞰藏王樹冰冰原全景，亦是日本全國少見的超大型纜車。山頂纜車分為兩段，第一段的樹冰高原車站，有樹冰資料館免費開放參觀；第二段纜車引領遊客直上山頂樹冰聚集處。車站樓頂有觀景台，欣賞大片樹冰景致。山頂車站設有餐廳，提供餐飲和咖啡。

纜車來回費用

期間：12 月下旬至 3 月上旬
地點：山形縣山形市藏王溫泉
時間：8:30 至 17:00（空中纜車運行時間）
費用：樹冰高原站：單程 ¥800，來回 ¥1500；地藏山頂站：單程 ¥1500，來回 ¥2800
（「藏王樹冰祭」期間加開夜晚時段，要購買名為「樹氷ライトアップ」的乘車券：¥2500）
官方網站：http://www.zaoropeway.co.jp/
藏王資料（中）：http://www.zao-spa.or.jp/taiwan/index.html

藏王溫泉滑雪場

藏王溫泉滑雪場面積約 305 公頃，設有各類型的滑雪道，而大型滑雪場與小型滑雪場是相連，無論你是初學者或是滑雪高手，這裡都能滿足需求。藏王溫泉滑雪場由七家民營滑雪場組合而成，滑雪場主要闢建於海拔 780 公尺到 1660 公尺的山坡上，落差達 880 公尺，滑雪道最長距離為 9 公里。

藏王溫泉

山形縣有很多溫泉，計有 146 處，以藏王溫泉最具代表性。藏王溫泉歷史悠久，開湯已千年，泉質為含鐵的硫磺泉，泉色乳白，洗滌時皮膚光滑，大大小小溫泉旅館和民宿，有超過一百家。

以下介紹一些藏王溫泉的公共溫泉：

藏王大露天風呂溫泉 (Zao Dai-Rotemburo)
時間：6:00 至 19:00(11 月及 4 月時間至 18:00)
公休：11 月底至 4 月中
門票：￥470

新左衛門之湯
時間：10:00 至 18:30(週末及假日至 21:30)
公休日：不定期休息(通常是每個月的第 1 個週三)
門票：￥700

川原湯公共溫泉
開館時間：6:00 至 22:00
公休日：無公休日
門票：￥200 日圓

下湯公共溫泉
時間：6:00 至 22:00
公休日：無公休日
門票：￥200 日圓

從仙台前往藏王樹冰
搭乘高速巴士直達藏王溫泉；單程：￥1600

從山形前往藏王樹冰
搭乘 JR 到山形站，再轉搭前往藏王溫泉區的巴士有藏王樹冰套票，包含來回山形車站和藏王溫泉的巴士乘車券＋登上藏王山頂的來回纜車券：￥4300 円。(若因天候關係纜車未開放時，不退票)

F4.5 1/5000 ISO-2500

聖誕節

奇蹟的相遇

我最喜歡的節日是聖誕節。在我生命中，它總是帶來奇蹟，包括，戀愛。

每個人都對愛情期待。無論是公眾人物還是市井小民，無論任何年齡任何性別，每個人都有自己的故事，而這些人與人之間的遇見，總是如此巧妙，漫不經心便把兩個生命串連在一起。現實的戀愛不是童話故事，不是每個人都是公主王子。男女關係總是千絲萬縷盤根錯節，從青少年純愛，到夫妻相處；從看似無關的兩個人，到相知相思相戀。

每個人皆有遇見愛情的可能，也有抓緊愛情的片刻，但在現實生活中，很多制度或規範，卻是為阻擋愛情而存在。例如：學校或職場上，不明文規定禁止談戀愛；某些身分、某些特定背景的人，也有可能被禁止談戀愛。當然，還有更多更多規範。可是，當我們遇見一個人，彷彿是尋覓了半生才找到自己，而剛好自己亦有同感的時候，你自然就會墜入愛河。這跟自己的年歲無關，跟性別或身分也沒有關係。唯一的關係，就只跟「愛」有關係。兩人的道別話，要講半天；剛剛分開了，分秒間都在掛念。每天的幸福小故事，隱藏在我們的生活中，隨時在發生。只要，我們願意留神：

F4 1/160 ISO-1000

一個眼神，兩張笑臉，輕輕依偎，偷偷牽手……

聖誕節，正好有一種療癒作用，讓原本沒有盼望的人找回盼望，讓原本不相信的人真心的去相信，所以希望當你遇見愛，便不要猶豫，要放開胸懷，盡情去感受愛情的美好。節日氣氛，的確就能催化喜樂；但真正的愛情，不是片刻慾望，而是心靈的碰撞。

奇蹟，總會發生在聖誕節。只要你，願意相信。

在命運中的交匯而相遇，互相吸引的瞬間而相戀。假如人生不曾與你遇上，我不會了解這世上還有這樣一個你，讓我回味，讓我醉生夢死。假如人生不曾相遇，我不會相信，有一種人從剛認識便覺得溫暖，可以相看兩不厭。正因為永遠不知道在人生哪一階段，兩人會慢慢走向各自不再交匯的軌跡。我們更要珍惜此刻，讓日後無悔。

我常記在心坎：「我不需要你出席每一個重要時刻，只要你在每一個重要時刻心裡都有我。」即使思念，也是我們的此刻。

熱海梅園

熱海梅園

熱海梅園

伊東海岸

熱海 MOA 美術館外

熱海梅園

伊豆修善寺

山陰倉吉

下田

鳥取

伊東海岸

山寺

東京

東京上野公園

東京大學

緋紅日本——鏡頭下的楓花雪

作者
金鈴

編輯
Eva Lam　Wing Li

封面設計
陳翠賢

美術設計
Venus Law

排版
劉葉青

出版者
萬里機構出版有限公司
香港鰂魚涌英皇道1065號東達中心1305室
電話：2564 7511
傳真：2565 5539
電郵：info@wanlibk.com
網址：http://www.wanlibk.com
http://www.facebook.com/wanlibk

發行者
香港聯合書刊物流有限公司
香港新界大埔汀麗路 36 號
中華商務印刷大廈 3 字樓
電話：2150 2100
傳真：2407 3062
電郵：info@suplogistics.com.hk

承印者
中華商務彩色印刷有限公司
香港新界大埔汀麗路 36 號

出版日期
二零一九年六月第一次印刷

ISBN 978-962-14-7044-7